PLAN D'ÉTUDES

ET

PROGRAMMES

DE

L'ENSEIGNEMENT SECONDAIRE

DES GARÇONS

1° *Divisions enfantine,
    préparatoire et élémentaire ;*
2° *Premier Cycle secondaire ;*
3° *Deuxième Cycle secondaire.*

ONZIÈME ÉDITION
conforme aux arrêtés des 4 mai et 15 novembre 1912
(applicables à partir du 1ᵉʳ octobre 1913)

PARIS

LIBRAIRIE VUIBERT

63, BOULEVARD SAINT-GERMAIN, 63

PLAN D'ÉTUDES

ET

PROGRAMMES

DE L'ENSEIGNEMENT SECONDAIRE

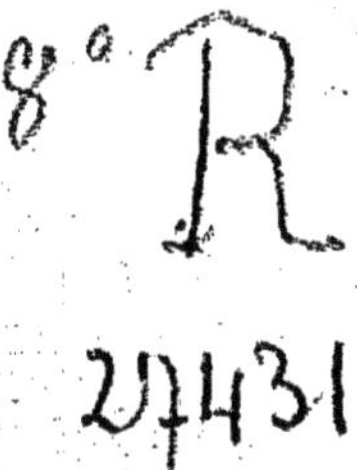

Les **Plans d'études et Programmes** des Etablissements d'enseignement secondaire des garçons se vendent aussi séparément en quatre brochures 18/12cm :

Divisions Enfantine, Préparatoire et Élémentaire . 0 fr. 40
Premier Cycle *(de la 6e A et B à la 3e A et B)* . . 0 fr. 50
Second Cycle *(Sections Littéraires)*. . . . . . 0 fr. 60
Second Cycle *(Sections Scientifiques)* . . . . . 0 fr. 60

Programme du Baccalauréat *de l'enseignement secondaire* renfermant toutes les dispositions nouvelles et le programme des matières des examens. — Deux brochures 18/12cm :

SÉRIES LITTÉRAIRES. . . . . 0 fr. 30
SÉRIES SCIENTIFIQUES . . . . 0 fr. 30

ARRÊTÉ DU 4 MAI 1912 allégeant les programmes de mathématiques, de physique, de chimie et de sciences naturelles dans les lycées et collèges de garçons. — Une brochure 18/12cm. . . . . 0 fr. 50

LIVRETS SCOLAIRES

de l'enseignement secondaire.

Premier Cycle :

Modèle 1. Division A. . . . . . cartonné toile verte :
 — 2. Division B. . . . . . — toile grise.

Deuxième Cycle :

Modèle 3. SECTION A : *Latin-Grec.* . . . . . cart. toile havane ;
 — 4. SECTION B : *Latin-Langues vivantes.* — toile ardoise ;
 — 5. SECTION C : *Latin-Sciences* . . . — toile azurée ;
 — 6. SECTION D : *Sciences-Langues vivantes* — toile grise.

Tous les livrets du second cycle ont une page pour la classe de Philosophie et une autre pour la classe de Mathématiques.
Prix de chacun des six livrets, format 24/19cm. . . 0 fr. 60

BOURSES DANS LES LYCÉES ET COLLÈGES

(Enseignement secondaire des garçons et des jeunes filles.)

Programme des examens. — Broch. 18/12cm. . . . 0 fr. 25
Recueil des sujets donnés aux concours de 1890 à 1912 pour toutes les séries de candidats. — Vol. 22/14cm . . 3 fr. 25

PLAN D'ÉTUDES

ET

PROGRAMMES

DE

L'ENSEIGNEMENT SECONDAIRE

DES GARÇONS

1° Divisions enfantine,
preparatoire et élémentaire ;
2° Premier Cycle secondaire ;
3° Deuxième Cycle secondaire.

ONZIÈME ÉDITION

conforme aux arrêtés des 4 mai et 15 novembre 1912
(applicables à partir du 1er octobre 1913)

PARIS

LIBRAIRIE VUIBERT

63, BOULEVARD SAINT-GERMAIN, 63

TABLEAU SYNOPTIQUE
de l'organisation des études dans les établissements d'enseignement secondaire.

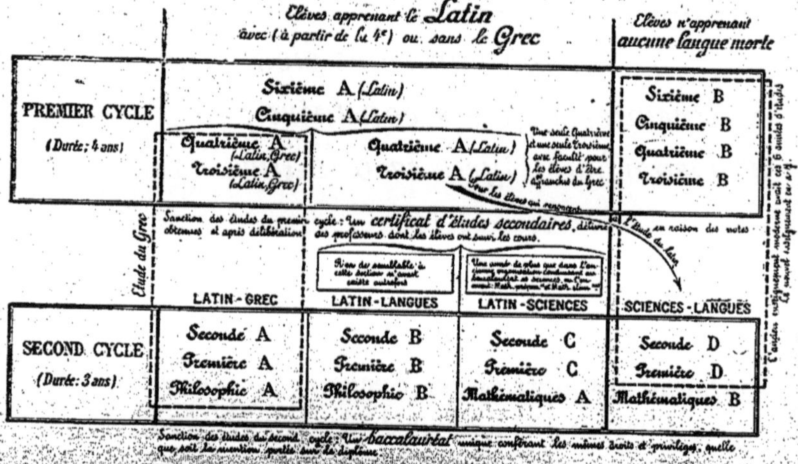

Après la Septième, les élèves doivent opter pour l'une des deux filières indiquées dans le tableau ci-dessus.

Voir un tableau analogue à la page XII.

EXTRAITS (*) DE LA

CIRCULAIRE MINISTÉRIELLE

du 19 juillet 1902

RELATIVE AU

PLAN D'ÉTUDES

L'article 3 du décret fait mention des matières qui seront communes aux élèves des diverses catégories.

En principe, les enseignements de même nature qui, dans les classes correspondantes des deux divisions du premier cycle ou des quatre sections du deuxième cycle, comportent un même nombre d'heures, seront donnés en commun. C'est précisément en prévision de ces réunions d'élèves qu'on n'a prévu dans ces classes pour ces enseignements qu'un seul et même programme.

En conséquence, sauf les réserves ci-dessous, ces groupements d'élèves auront lieu : en Sixième et en Cinquième, pour les langues vivantes, l'histoire, la géographie, le dessin ; en Quatrième et en Troisième, pour les mêmes matières et pour la morale, dans le cas où cet enseignement sera donné dans les deux divisions par un même professeur.

En Seconde, les sections A, B, C, D, seront de même réunies pour l'histoire moderne, la géographie, une des langues vivantes, le dessin à main levée ; les sections A, B, C, pour le français et le latin ; les sections A et B pour l'histoire ancienne ; les sections B et D pour la seconde langue, etc.

C'est de même en vue de rendre possible au besoin, s'il paraît devoir en résulter quelque avantage, la réunion, pendant trois heures chaque semaine, des élèves de Mathématiques A et B avec les élèves de Philosophie, pour les parties du cours qui traitent des éléments de philosophie scientifique et de philosophie morale, qu'un même programme de ces matières a été arrêté pour ces deux classes.

La réduction à de justes limites du surcroît de dépenses qui peut résulter de l'application des nouveaux plans d'études pour certains établissements, n'est pas l'unique avantage que l'on doit

---

(*) Les parties de la Circulaire qui sont sans intérêt pour les familles n'ont pas été reproduites ici.

attendre de ces groupements d'élèves : les études et l'éducation y sont, à plus d'un titre, intéressées. Mais ceci suppose évidemment que les classes ainsi formées ne compteront pas un trop grand nombre d'élèves. Car le bénéfice intellectuel ou moral qu'on peut espérer de ces rapprochements et de ce travail en commun serait dès lors compromis. En ce qui concerne notamment l'enseignement des langues vivantes, un nombre d'élèves assez restreint est la condition d'une bonne application des nouvelles méthodes. Autant que possible, le chiffre de vingt-cinq élèves ne devra pas être dépassé ; il est désirable qu'en général ce chiffre ne soit pas atteint.

En conséquence, Monsieur le Recteur, lorsque la réunion d'élèves appartenant à des divisions ou à des sections différentes, pour les cours comportant un même programme, vous paraîtrait devoir former des classes trop nombreuses, vous pourrez, sur la proposition des chefs d'établissements, autoriser pour ces cours la séparation des sections ou des divisions.

Répartition hebdomadaire des matières d'enseignement.

La répartition hebdomadaire des matières d'enseignement, telle qu'elle est fixée par l'article 1er de l'arrêté du 31 mai, pourra subir des modifications en raison du nombre des élèves dans les diverses classes, de leur force ou de leur faiblesse en telle ou telle matière du programme et des ressources des établissements. Le plan d'études le meilleur pour un lycée comme Condorcet ou Louis-le-Grand n'est pas nécessairement tel, dans toutes ses parties, pour un collège qui compte une centaine d'élèves. L'uniformité absolue du cadre est contraire, en pareil cas, à la nature des choses. Le Conseil supérieur a voulu qu'une certaine flexibilité permît d'approprier plus exactement les plans d'études aux ressources et aux convenances locales. En conséquence, les chefs d'Académie auront la latitude d'autoriser les changements proposés, après avis des assemblées de professeurs, par les chefs d'établissements, toutes les fois que l'économie générale du plan d'études ne paraîtra pas devoir en être atteinte dans ses éléments essentiels.

En ce qui concerne l'enseignement des langues vivantes, peut-être même jugeront-ils que, si cet enseignement ne pouvait être bien organisé et donné d'une manière réellement profitable dans les classes inférieures à la Sixième, il vaudrait mieux le supprimer provisoirement. C'est, notamment, sous cette réserve expresse que le Conseil supérieur a demandé le maintien des langues vivantes au programme de la deuxième année préparatoire (ancienne classe de Neuvième).

Création de nouveaux enseignements

Dans le même ordre d'idées, l'article 3 détermine les conditions suivant lesquelles de nouveaux enseignements pourront être créés. Il vise, bien entendu, exclusivement les enseignements qui, répondant à des besoins particuliers des diverses régions, ne sont pas compris dans la nomenclature officielle de l'article 1er. Il va de soi que cet article 3 ne serait pas applicable, par exemple, au cas où l'on proposerait le rétablissement du latin en Septième ou du grec en Cinquième.

Durée des classes.

L'article 4 de l'arrêté du 31 mai prévoit qu'en principe, dans tout le cours d'études, la durée des classes sera d'une heure.

Dans les classes préparatoires et élémentaires, cette règle ne comporte aucune exception.

Cela ne veut pas dire que chaque matière du programme y sera chaque fois obligatoirement enseignée en leçons d'une durée indivisible d'une heure. Il est au contraire des enseignements qui, dans ces classes de début, gagneront à être répartis par demi-heures : par exemple, l'écriture, la géographie, les récits historiques, etc. Cette distribution de l'enseignement par demi-heures est spécialement recommandée pour les langues vivantes, là où la subdivision des élèves en groupes distincts pour les différentes langues n'occasionnera pas de trop graves embarras.

Par contre à partir de la Sixième, toute matière du programme sera enseignée à raison d'une heure pleine chaque fois, sans partage avec d'autres matières. On n'admettra d'exception que pour l'enseignement de la morale en Quatrième et en Troisième, auquel on jugera peut-être préférable, en certains cas, de réserver par semaine deux demi-heures dans deux classes dont les autres moitiés pourraient être occupées par quelque exercice de français. Pour tout le reste, une heure de classe sera toujours consacrée à un même objet, ce qui, bien entendu, ne signifie pas nécessairement à un même exercice. Une classe de latin, par exemple, peut comporter une récitation de leçon et une explication de texte ou une correction de devoir, etc. Mais, désormais, l'heure de latin portée au programme doit être une heure de latin et l'heure de français une heure de français. Quant au grec, qui plus que toute autre matière, a eu à souffrir des empiétements des enseignements les uns sur les autres, le fait même que les élèves qui l'étudieront seront séparés pour cet objet de ceux avec lesquels ils suivent en commun les cours de latin et de français, ne permettra plus à l'avenir que cet enseignement, libéralement traité sur le programme, soit la plupart du temps sacrifié en réalité.

Ainsi, à partir de la Sixième, *une heure au moins*, pour chaque matière du programme chaque fois que son tour vient d'après l'horaire de la semaine, telle sera la règle. Sauf exception, la règle sera aussi : *une heure au plus*.

À vrai dire, dans le premier cycle, des exceptions ne paraissent guère nécessaires, sauf peut-être pour l'enseignement de la physique et de la chimie, en raison du développement que, de plus en plus, doivent y prendre les expériences.

Dans le second cycle, des classes d'une heure s'imposent encore, d'après le plan d'études lui-même, pour beaucoup de matières du programme. Toutefois, les cours sont ici plus approfondis et comportent des développements plus étendus ; d'autre part, à cet âge, l'attention des jeunes gens peut déjà soutenir un effort plus prolongé : les classes d'une heure et demie ou de deux heures pourront, dès lors, si vous le jugez bon, après avis de l'assemblée des professeurs et sur la proposition du chef d'établissement, être associées plus souvent aux classes d'une heure. C'est sans doute pour les sciences, l'histoire, la philosophie et particulièrement dans les classes nombreuses qu'une telle mesure, en certains cas, vous semblera justifiée.

Le régime général sera donc la classe d'une heure.

Ce régime, Monsieur le Recteur, n'entraîne, d'ailleurs, en aucune façon, l'abandon de nos méthodes traditionnelles, dont l'excellence a été éprouvée. Il n'est pas question d'en prendre occasion pour transformer nos classes secondaires en cours primaires ou en cours supérieurs. Nos programmes ne s'en trouveront ni allongés, ni surchargés. Il n'en résultera aucune nécessité ni de précipiter l'enseignement, ni d'accumuler en raccourci dans chaque classe toute la variété d'exercices scolaires qui trouvaient place dans une classe de deux heures et qui s'espaceront plus aisément encore en deux classes d'une heure. On enseignera les mêmes choses, en même quantité, de la même façon. Et cependant, pour un même temps porté à l'horaire, on accomplira en définitive plus de besogne vraiment utile, parce que la distribution de ce temps en périodes trop longues amène inévitablement, avec la fatigue, des défaillances d'intérêt, d'attention, de compréhension, de mémoire qui font dans la classe comme des points morts, tandis qu'une distribution de ce même temps, mieux proportionnée aux forces physiques et intellectuelles de l'élève, permet, avec moins de peine, d'en mieux utiliser toutes les parties.

Dénomination des classes.

A propos de l'horaire, je crois devoir vous faire remarquer que les classes de Dixième et de Neuvième prennent respectivement les noms de première et de deuxième année préparatoires. La classe de Rhétorique devient pour les quatre sections la classe de Première et reprend ainsi le nom qui lui avait été attribué par l'arrêté du 19 frimaire an XI (10 déc. 1802) concernant l'organisation de l'enseignement dans les lycées. Celle de Mathématiques élémentaires s'appellera simplement la classe de Mathématiques.

Les autres classes, y compris la Philosophie, gardent leurs dénominations actuelles.

Organisation des études (Tableau de même nature que celui de la page VI).

	DIVISION **A** (*Étude du Latin*)			DIVISION **B** (*Ni Grec, ni Latin*)
PREMIER **CYCLE** (*Durée : 4 ans*)	**Sixième A** **Cinquième A** **Quatrième A** **Troisième A** } Étude facultative du Grec.			**Sixième B** **Cinquième B** **Quatrième B** **Troisième B**
	SECTION **A** (*Latin-Grec*)	SECTION **B** (*Latin-Langues*)	SECTION **C** (*Latin-Sciences*)	SECTION **D** (*Sciences-Langues*)
SECOND **CYCLE** (*Durée : 3 ans*)	Seconde A Première A	Seconde B Première B	Seconde C Première C	Seconde D Première D
	Philosophie. **A** Le grec, le latin et les langues vivantes sont facultatifs.	**B** Le latin est facultatif.	Mathématiques A et B	

PLAN D'ÉTUDES ET PROGRAMMES
DE L'ENSEIGNEMENT SECONDAIRE

DÉCRET DU 31 MAI 1902
relatif au plan d'études secondaires.

Art. 1er. — L'enseignement secondaire est coordonné à l'enseignement primaire de manière à faire suite à un cours d'études primaires d'une durée normale de quatre années (1).

Art. 2. — L'enseignement secondaire est constitué par un cours d'études d'une durée de sept ans et comprend deux cycles : l'un d'une durée de quatre ans, l'autre d'une durée de trois ans.

PREMIER CYCLE

Art. 3. — Dans le premier cycle, les élèves ont le choix entre deux sections. Dans l'une sont enseignés, indépendamment des matières communes aux deux sections, le latin, à titre obligatoire, dès la première année (classe de Sixième), le grec, à titre facultatif, à partir de la troisième année (classe de Quatrième).

Dans l'autre, qui ne comporte pas l'enseignement du latin et du grec, plus de développement est donné à l'enseignement du français, des sciences, du dessin, etc.

Art. 4. — Dans les deux sections, les programmes

---

(1) Une exception à ce principe subsiste en ce sens qu'on continue à enseigner les langues vivantes en Huitième et Septième dans certains lycées ou collèges.

sont organisés de telle sorte que l'élève se trouve, à l'issue du premier cycle, en possession d'un ensemble de connaissances formant un tout et pouvant se suffire à lui-même.

Art. 5. — A l'issue du premier cycle, un certificat d'études secondaires du premier degré peut être délivré aux élèves, en raison des notes (¹) obtenues par eux durant ces quatre années d'études et après délibération des professeurs dont ils ont suivi les cours.

Les aspirants au baccalauréat ont la faculté de produire ce certificat devant le jury ; il en est tenu compte, dans les mêmes conditions que du livret scolaire, pour l'admissibilité et pour l'admission.

SECOND CYCLE.

Art. 6. — Dans le second cycle, quatre groupements de cours principaux sont offerts à l'option des élèves, savoir :

1° Le latin avec le grec ;

2° Le latin avec une étude plus développée des langues vivantes ;

3° Le latin avec une étude plus complète des sciences;

4° L'étude des langues vivantes unie à celle des sciences sans cours de latin.

Cette dernière section, destinée normalement aux élèves qui n'ont pas fait de latin dans le premier cycle, est ouverte aussi aux élèves qui, ayant suivi les cours

(1) Les notes de composition, les places, les appréciations des professeurs sont consignées sur un livret scolaire dont chaque élève est muni. Le certificat est délivré par le recteur, mais seulement aux élèves des établissements publics. (*Arrêté du 3 août 1903.*)

de latin dans le premier cycle, ne continuent pas cette
étude dans le second.

DÉCRET DU 22 JUILLET 1902

relatif aux sanctions du baccalauréat.

Le baccalauréat de l'enseignement secondaire insti-
tué par le décret du 31 mai 1902 est admis, quelle que
soit la mention inscrite sur le diplôme, pour l'inscription dans les facultés et écoles d'enseignement supérieur, en vue des grades ou titres conférés par l'État.

ARRÊTÉS DES 31 MAI 1902
27 ET 28 JUILLET 1905, 26 JUILLET 1909 ET 15 NOVEMBRE 1912 (¹)

concernant la répartition des matières de l'enseignement secondaire et le régime des classes.

Art. 1ᵉʳ. — La répartition hebdomadaire des diverses matières de l'enseignement secondaire dans les lycées et collèges de garçons est déterminée ainsi qu'il suit (²) :

DIVISION PRÉPARATOIRE
1ʳᵉ ANNÉE PRÉPARATOIRE (ou DIXIÈME)

Français	9 heures.
Instruction morale et civique (³)	»
Écriture	2 h. 1/2.
Petits récits historiques	1 heure.
Géographie	1 h. 1/2.
Calcul	3 —
Leçons de choses	1 —
Dessin	1 —
Chant	1 —
Total	20 heures.

(¹) Dans les diverses classes, on a réuni français et latin, français, latin et grec, français et morale, histoire et géographie sous une désignation commune pour indiquer que les enseignements ainsi groupés sont donnés, autant que possible, par un même maître. Celui-ci doit conserver une certaine latitude pour l'emploi du temps qui lui est départi. Il est, d'ailleurs, désirable qu'il le répartisse en s'éloignant le moins possible des indications de l'horaire antérieur. L'enseignement de la morale en Quatrième et en Troisième doit garder intacte sa durée d'une heure (*Remarque générale relative à l'arrêté du 15 novembre 1912*).

(²) L'horaire ci-après est obligatoire à partir du 1ᵉʳ octobre 1913 (*Arrêté du 15 novembre 1912*).

(³) Cet enseignement sera donné à l'occasion de l'enseignement du français, de l'histoire et de la géographie et se trouve compris dans les heures attribuées à ces matières.

2· ANNÉE PRÉPARATOIRE (ou NEUVIÈME)

Français	7 heures.
Instruction morale et civique (¹)	»
Langues vivantes	2 —
Écriture	2 h. 1/2.
Petits récits historiques	1 heure.
Géographie	1 h. 1/2.
Calcul	3 heures.
Leçons de choses	1 —
Dessin	1 —
Chant	1 —
TOTAL	20 heures.

DIVISION ÉLÉMENTAIRE

CLASSES DE HUITIÈME et de SEPTIÈME

Français	7 heures.
Instruction morale et civique (¹)	»
Langues vivantes (²)	2 —
Écriture	1 —
Histoire et géographie	3 —
Calcul	4 —
Leçons de choses	1 —
Dessin	1 —
Chant	1 —
TOTAL	20 heures.

(1) Cet enseignement sera donné à l'occasion de l'enseignement du français, de l'histoire et de la géographie et se trouve compris dans les heures attribuées à ces matières.

(2) Il ne sera pas publié de programme d'enseignement des langues vivantes en Huitième et Septième. Voir la note de la page 1.

PREMIER CYCLE

(Durée quatre ans, de la Sixième à la Troisième inclusivement)

Classe de Sixième.

Division A

Français et latin.	10 heures.	
Langues vivantes	5 —	
Histoire et géographie.	3 —	
Calcul.	2 —	
Sciences naturelles.	1 —	
Dessin.	2 —	
TOTAL	23 heures.	

Division B

Français	6 heures.	
Ecriture	1 —	
Langues vivantes	5 —	
Histoire et géographie.	3 —	
Calcul.	3 —	
Sciences naturelles.	2 —	
Dessin.	2 —	
TOTAL	22 heures.	

Classe de Cinquième.

Division A

Français et latin	10 heures.	
Langues vivantes	5 —	
Histoire et Géographie.	3 —	
Calcul.	2 —	
Sciences naturelles.	1 —	
Dessin	2 —	
TOTAL	23 heures.	

Division B

Français	6 heures.	
Ecriture	1 —	
Langues vivantes	5 —	
Histoire et géographie.	3 —	
Mathématiques et dessin géométrique	4 —	
Sciences naturelles.	1 —	
Dessin.	2 —	
TOTAL	22 heures.	

Classe de Quatrième.

Division A.

Enseignement littéraire	HORAIRE AVEC GREC	HORAIRE SANS GREC
Enseignement littéraire : français, latin, grec, morale	13 heures.	10 heures.
Langues vivantes	3 —	4 —
Histoire et géographie	3 —	3 —
Mathématiques	2 —	2 —
Sciences naturelles	1 —	1 —
Dessin	1 —	2 —
TOTAUX	23 heures.	22 heures.

Division B.

Enseign. litt. : français et morale.	6 heures.
Langues vivantes	4 —
Histoire et géographie.	3 —
Mathémat., compt^{té} et dessin géom.	4 h. 1/2 (¹)
Physique et chimie.	1 h. 1/2 (²)
Sciences naturelles.	1 heure.
Dessin.	2 —
TOTAL.	22 heures.

Classe de Troisième.

Enseignement littéraire	HORAIRE AVEC GREC	HORAIRE SANS GREC
Enseignement littéraire : français, latin, grec, morale	14 heures.	11 heures.
Langues vivantes	3 —	4 —
Histoire et géographie	3 —	3 —
Mathématiques	3 —	3 —
Dessin	1 —	2 —
TOTAUX	24 heures.	23 heures.

Enseign. litt. : français et morale.	7 heures.
Langues vivantes	5 —
Histoire et géographie.	3 —
Mathémat. et dessin géométrique.	4 + 1 h.
Physique et chimie	1 h. 1/2 (²)
Sciences naturelles.	1 heure.
Dessin d'imitation	2 —
Comptabilité (³).	»
TOTAL.	24 h. 1/2

(¹) Quatre heures de mathématiques jusqu'au 15 février et cinq heures après cette date.
(²) Deux heures de physique et chimie jusqu'au 15 février et une heure après cette date.
(³) Une heure facultative de comptabilité pratique dans les établissements où l'on en reconnaîtrait l'utilité après décision de l'assemblée des professeurs.

DEUXIÈME CYCLE

(Durée trois ans, de la Seconde à la Philosophie ou aux Mathématiques.)

Classe de Seconde.

DÉSIGNATION	SECTION **A** LATIN-GREC	SECTION **B** LATIN- LANGUES VIVANTES	SECTION **C** LATIN-SCIENCES	SECTION **D** SCIENCES- LANGUES VIVANTES
Enseignement littéraire : section A, français, latin, grec ; sections B et C, français et latin ; section D, français.	13 heures.	8 heures.	8 heures.	4 heures.
Histoire et Géographie.	4 h. 1/2	4 h. 1/2	3 —	3 —
Langues vivantes	2 heures.	7 heures.	2 —	7 —
Mathématiques	2 —	2 —	4 h. 1/2	4 h. 1/2
Physique et chimie.	» —	» —	2 h. 1/2 (¹)	2 h. 1/2 (¹)
Exercices pratiques de sciences.	» —	» —	2 heures.	2 heures.
Dessin d'imitation	2 —	2 —	2 —	2 —
Dessin géométrique.	» —	» —	2 —	2 —
TOTAUX.	23 h. 1/2	23 h. 1/2	26 heures.	27 heures.

(¹) L'enseignement de la physique et de la chimie comportera deux heures jusqu'au 15 février et trois heures à partir de cette date.

Classe de Première.

DÉSIGNATION	SECTION A — LATIN-GREC	SECTION B — LATIN- LANGUES VIVANTES	SECTION C — LATIN-SCIENCES	SECTION D — SCIENCES- LANGUES VIVANTES
Enseignement littéraire : section A, français, latin, grec : sections B et C, français et latin ; section D, français.	14 heures.	7 h. + 2 h. fac.	7 heures.	4 heures.
Histoire et géographie	5 —	5 heures.	3 —	3 —
Langues vivantes	2 —	7 —	2 —	7 —
Mathématiques	2 h. + 2 h. fac.	2 h. + 2 h. fac.	5 —	5 —
Physique et chimie.	» —	» —	3 —	3 —
Exercices pratiques de sciences. .	» —	» —	2 —	2 —
Dessin d'imitation	2 h. facult.	2 h. facult.	2 —	2 —
Dessin géométrique.	» —	» —	2 —	2 —
TOTAUX.	23 h. + 4 h. fac.	21 h. + 6 h. fac.	26 heures.	28 heures.

Classes de Philosophie et de Mathématiques.

DÉSIGNATION	PHILOSOPHIE		MATHÉMATIQUES	
	Section A	Section B	Section A	Section B
Philosophie	8 ou 9 h. (1).	8 ou 9 h. (1).	3 heures.	3 heures.
Grec-latin	4 h. fac.	»	»	»
Latin	»	2 h. fac.	»	»
Langues vivantes	2 h. fac.	3 heures (2).	2 heures.	3 heures (2).
Histoire et géographie	4 ou 3 h. (3).	4 ou 3 h. (3).	4 ou 3 h. (3).	4 ou 3 h. (3).
Cosmographie	1 heure (4).	1 heure (4).	»	»
Mathématiques	2 h. fac.	2 h. fac.	8 heures.	8 heures.
Physique et chimie	5 heures.	5 heures.	5 —	5 —
Sciences naturelles	2 —	2 —	2 —	2 —
Exercices pratiques de sciences	»	»	2 —	2 —
Dessin	2 h. fac.	2 h. fac.	1 h. (5) + 2 h. fac. (6).	1 h. (5) + 2 h. fac. (6)
Hygiène (12 confér. de 1 heure) (7).	»	»	»	»
Total	19 h. 1/2 + 10 h. fac.	22 h. 1/2 + 6 h. fac.	26 h. 1/2 + 2 h. fac.	27 h. 1/2 + 2 h. fac.

(1) 8 heures pendant un semestre, 9 heures pendant l'autre.

(2) Les élèves consacreront 2 heures à la langue de leur choix, 1 heure à l'autre.

(3) 3 heures (dont 1 heure de géographie) pendant un semestre, 4 heures (dont 1 heure de géographie) pendant l'autre.

(4) Pendant un semestre seulement.

(5) 1 heure pour le dessin géométrique.

(6) Le dessin d'imitation est facultatif.

(7) Ces conférences seront comprises dans le cours de sciences naturelles pour les sections de Mathématiques A et B et pour les quatre sections de Philosophie et de Mathématiques lorsque les sections seront réunies. Elles seront faites en dehors du cours de sciences naturelles pour les sections de Philosophie A et B, lorsque ces sections seront séparées.

ART. 2. — Des modifications pourront être apportées dans la répartition hebdomadaire des diverses matières de l'enseignement par les chefs d'établissement, après avis des assemblées de professeurs et avec l'autorisation du recteur.

ART. 3. — De nouveaux enseignements pourront être créés par les recteurs, après avis des assemblées de professeurs et des conseils d'administration, dans les lycées qui recevront une subvention fixe de l'État pour la dépense de l'externat ; dans les autres, par le Ministre, sur la proposition des recteurs, après avis des assemblées de professeurs.

Pour les collèges communaux, les propositions soumises par les recteurs aux municipalités en vue de la création de nouveaux enseignements seront accompagnées de l'avis des assemblées de professeurs.

ART. 4. — En principe, dans tout le cours d'études, la durée des classes est d'une heure.

Toutefois, en raison de l'âge et du nombre des élèves ou de la nature de l'enseignement, les classes d'une heure et demie ou de deux heures pourront être associées dans le cycle supérieur et, exceptionnellement, dans le premier cycle, aux classes d'une heure, par décision du recteur, sur la proposition du chef d'établissement, après avis de l'assemblée des professeurs.

Les programmes des divers enseignements ont été fixés par l'arrêté du 31 mai 1902, sauf les modifications ci-après :

ARRÊTÉ DU

Auteurs philosophiques [liste supplémentaire] (classes de Philosophie A et B) . . . . 31 juillet 1906.

Histoire et Géographie (classes de Philosophie A et B et de Mathématiques A et B) . . . . 28 juillet 1905.

Mathématiques (toutes les classes à partir de la Sixième B et de la Quatrième A inclusivement, sauf les classes de Seconde et de Première A et B) . . . . { 27 juillet 1905. 4 mai 1912.

Mathématiques (classes de Seconde et de Première A et B) . . . . { 30 juillet 1902. 4 mai 1912.

Sciences physiques, chimiques et naturelles. . . . . 4 mai 1912.

Dessin d'imitation. . . . . 6 janvier 1909.

Le programme de mathématiques de la classe de Mathématiques est un programme maximum dont toutes les parties ne sont pas exigibles aux examens du Baccalauréat. (Consulter le Programme du Baccalauréat.)

CLASSES ENFANTINES

PRÉPARATOIRES ET ÉLÉMENTAIRES

CLASSES ENFANTINES

Lecture. — Premiers exercices.

Écriture. — Exercices méthodiques et progressifs.

Langue française. — 1° Exercices oraux. — Questions très familières ayant pour objet d'apprendre aux enfants à s'exprimer nettement. Corriger les défauts de prononciation.

Exercices très simples de langage : vocabulaire, petites phrases.

Exercices de mémoire : récitation de poésies très simples et faciles à comprendre, toujours expliquées en classe au préalable.

2° Exercices écrits : Copier d'abord des textes peu étendus préalablement expliqués préparant à l'étude de l'orthographe.

Écrire sous la dictée des textes du même genre.

3° Lectures très brèves faites en classe et racontées ensuite par les enfants.

Morale. — Causeries très simples mêlées à tous les exercices de la classe.

Histoire. — Anecdotes et récits biographiques empruntés soit à l'histoire, soit à la légende.

Récits de voyages, explications d'images.

Géographie. — Causeries familières.

Explication concrète des termes géographiques les plus usuels concernant les accidents du sol.

Calcul. — Premiers éléments de la numération orale et écrite :

1° Petits exercices de *Calcul mental :* Addition et soustraction portant sur des nombres concrets et ne dépassant pas la première centaine.

2° *Calcul écrit :* L'addition, la soustraction, la multiplication sur des nombres de deux chiffres.

Le mètre, le franc, le litre, sans parler des multiples et sous-multiples. Petits exercices de mesure intuitive.

Dessin (¹). — *Première section.* — Crayonnages libres. Silhouettes et alignements au moyen de cubes, briques, bâtonnets, lattes, cailloux, jetons, boutons, etc. Essais de copie de ces combinaisons.

Deuxième section. — Crayonnages libres, une fois par semaine, sur cahier pour permettre de constater les progrès. Décalque de feuilles. Silhouettes, bordures, rosaces par groupements et alignements d'objets, comme précédemment. Copie en noir ou de préférence en couleur de ces combinaisons. Petits dessins symétriques. Découpages de papiers de couleur et tressages. Copie d'objets usuels très simples. Croquis de tous genres. Modelage.

Leçons de choses. — Exercices et entretiens familiers ayant pour but de faire acquérir aux enfants les premiers éléments des connaissances usuelles (la droite et la gauche ; noms des jours et des mois ; distinction d'animaux, de végétaux, de minéraux ; les saisons) et surtout de les amener à regarder, à observer, à comparer.

____

(1) Voir la note qui accompagne le programme de Sixième A, p. 45.

CLASSES PRÉPARATOIRES

PREMIÈRE ANNÉE PRÉPARATOIRE
(ou DIXIÈME)

LANGUE FRANÇAISE
(9 heures.)

Lecture courante, accompagnée d'une courte explication
du sens des mots les plus difficiles.
Recueil élémentaire de morceaux choisis (¹).

Écriture : Exercices méthodiques et progressifs.

Langue française : Premières notions sur les différentes
espèces de mots : nom, article, adjectif, verbe.
Premiers éléments de la conjugaison. — Être. — Avoir.
— Verbes réguliers (voix active).
Formation du féminin et du pluriel.
Accord de l'adjectif avec le nom, du verbe avec le sujet.

Analyse réduite à ses formes les plus simples.
Nature des mots, genre, nombre.
Rapport de l'adjectif avec le nom déterminé ou qualifié.
Sujet du verbe.
Exercices d'analyse oraux le plus souvent, et quelque-
fois écrits.

---

(1) Les morceaux choisis sont obligatoires dans les classes préparatoires et élémentaires.

Exercices oraux :

Questions et explications à propos des divers exercices
de la classe, notamment de la leçon de lecture ou de
la correction des devoirs.

Interrogations sur le sens, l'emploi, l'orthographe des
mots du texte lu. Épellation des mots difficiles.

Reproduction orale de petites phrases lues et expliquées, puis de récits ou de fragments de récits faits
par le maître.

Exercices de mémoire :

Récitation de poésies d'un genre très simple, toujours
expliquées en classe au préalable (sens des mots et
des phrases).

Exercices écrits :

Exercices gradués d'orthographe (au tableau noir ou
sur le cahier).

Dictées de peu d'étendue préalablement lues et expliquées, offrant un sens complet et intéressant.

Appeler l'attention des enfants sur la ponctuation.

MORALE et INSTRUCTION CIVIQUE

Dans les classes préparatoires et élémentaires, l'instruction
morale et civique sera donnée à l'occasion de l'enseignement du
français, de l'histoire et de la géographie.

Morale : Petites lectures ou histoires morales, suivies
de questions propres à en faire ressortir le sens.

HISTOIRE

[Programme des classes du Dixième et de Neuvième.]

(1 heure.)

Récits et entretiens familiers sur les plus grands personnages et les faits principaux de l'histoire nationale. Petits récits faits par le maître et répétés de vive voix par l'élève.

GÉOGRAPHIE

(1 heure 1/2.)

Suite et développement des exercices commencés dans la classe enfantine.

Les points cardinaux, non appris par cœur, mais trouvés sur le terrain, dans la cour, dans les promenades, d'après la position du Soleil.

Exercices d'observation : les saisons, l'horizon, les accidents du sol, etc. Emprunter les exemples au pays habité par l'enfant.

Préparation à la connaissance d'une carte géographique. Plan de la classe, du lycée, de la maison, de la rue.

CALCUL

(3 heures.)

Principes de la numération parlée et de la numération écrite ; s'arrêter d'abord à 100, puis pousser jusqu'à 1.000.

Le mètre, le litre, le franc, le gramme. Commencer à indiquer quelques-uns de leurs multiples. Exercices de mesure intuitive.

Calcul mental : Application des quatre règles à des nombres de 1 à 10, puis de 1 à 20, et enfin de 1 à 100. Étude de la table d'addition et de la table de multiplication.

Calcul écrit : L'addition, la soustraction bornées à des nombres de trois chiffres ; la multiplication avec deux chiffres au plus au multiplicateur et la division avec un diviseur inférieur à 10.

Petits problèmes exécutés en classe, le plus souvent au tableau, quelquefois écrits, et ne comportant qu'une seule opération.

LEÇONS DE CHOSES
(1 heure.)

Petits entretiens ayant pour but d'appeler l'attention des enfants et d'exercer leur esprit d'observation sur des objets usuels, sur les matières premières dont ils sont composés, sur les ouvriers qui les fabriquent ou qui les mettent en œuvre.

Exemples de leçons :

Le paysan, le blé ;
Le meunier, le moulin, la farine ;
Le boulanger, le pain ;
Le vigneron, le raisin, le vin ;
Le mineur, le charbon ;
Le forgeron, le fer, etc. ; —
Les vêtements ;
La laine, le coton, le fil, la soie ;
Le cuir, le papier ;
Les aliments.

DESSIN (¹)

[Programme commun à la première et à la deuxième années.]

(1 heure.)

I. Dessins au crayon noir ou aux crayons de couleur, d'objets très simples. Les objets sont placés sous les yeux des élèves. — Modelage.

II. Dessin de mémoire, d'après les objets précédemment dessinés.

III. Dessins libres, d'après les leçons de choses.

IV. Devoirs illustrés : devoirs de français, d'histoire ou de géographie.

V. Dessins libres faits hors de la classe.

DEUXIÈME ANNÉE PRÉPARATOIRE
(ou NEUVIÈME)

LANGUE FRANÇAISE

(7 heures.)

Lecture : Même programme qu'en Dixième.
Recueil élémentaire de morceaux choisis (²).

---

(1) Voir la note qui accompagne le programme de Sixième A, p. 45.

(2) Les morceaux choisis sont obligatoires dans les classes préparatoires et élémentaires.

Écriture : Même programme qu'en Dixième.

Langue française : Notions sur les différentes espèces de mots : nom, article, adjectif, pronom, adverbe, verbe.

Règles d'accord les plus simples.

Analyse réduite à ses formes les plus simples.

Nature des mots : genre, nombre, personne, temps, mode.

Idée de la proposition simple ; analyse de ses éléments essentiels : sujet, verbe, complément du verbe (direct ou indirect).

Attribut du sujet.

Exercices d'analyse oraux le plus souvent, et quelquefois écrits.

Exercices oraux :

Même programme qu'en Dixième.

Exercices de mémoire :

Même programme qu'en Dixième.

Le professeur pourra faire apprendre par cœur des morceaux dictés préalablement lus et expliqués en classe.

Exercices écrits :

Même programme qu'en Dixième.
Petits exercices de langue française.
Composition de petites phrases avec des éléments donnés.

Note : Le professeur, suivant les circonstances, pourra s'inspirer des indications données pour la Huitième (1).

MORALE et INSTRUCTION CIVIQUE

Voir le programme de la classe de Dixième, page 16.

HISTOIRE
[Programme des classes de Dixième et de Neuvième.]
(1 heure.)

Récits et entretiens familiers sur les plus grands personnages et les faits principaux de l'histoire nationale. Petits récits faits par le maître et répétés de vive voix par l'élève.

GÉOGRAPHIE
(1 heure 1/2.)

Préparation à l'étude de la géographie par la méthode descriptive.

Explication des termes géographiques (montagnes, fleuves, mers, golfes, isthmes, détroits, etc.), en parlant toujours d'objets vus par l'élève et en procédant par analogie.

------

(1) Voici quelques exemples des exercices qu'il sera nécessaire de varier :

Distinguer les noms des adjectifs, les verbes, etc., employés dans des phrases dites par le professeur, écrites au tableau ou prises dans un texte. — Changer dans une narration le temps des verbes ; en changer la personne. — Exercer les élèves à trouver et, s'il est possible, à classer un certain nombre de noms, d'adjectifs, de verbes se rapportant à un ordre d'idées donné. — Contraires d'adjectifs donnés ; même exercice sur les noms abstraits qui leur correspondent.

Ces exercices conviennent aux classes de Neuvième, de Huitième et de Septième.

La géographie générale (la Terre : sa forme, ses grandes divisions, leurs subdivisions).

Indiquer sur le globe et sur la carte murale la position des océans et des continents, spécialement celle de l'Europe et de la France.

Petits récits de voyages. Faire connaître quelques grands voyageurs : récits familiers faits par le maître et répétés de vive voix par l'élève (1).

CALCUL et GÉOMÉTRIE INTUITIVE

(3 heures.)

CALCUL

Revision du cours précédent.

Numération des nombres entiers.

Rappeler les principales unités du système métrique et leurs multiples.

Calcul mental : Insister beaucoup sur le calcul mental. Étude continuée de la table d'addition et de la table de multiplication. Étude des expressions : demi, moitié, tiers, quart. Continuation des exercices de mesure intuitive.

Calcul écrit : Les quatre opérations, toujours sur des nombres peu élevés, trois chiffres au plus au multiplicateur et deux au diviseur.

---

(1) On choisira, autant que possible, plusieurs récits d'explorations très diverses ; par exemple, un voyage d'exploration maritime (comme ceux de Christophe Colomb ou de Cook), un voyage d'exploration à travers les forêts équatoriales (comme ceux de Livingstone et de Stanley en Afrique), un voyage d'exploration à travers un désert (comme ceux de Montell ou de la mission Foureau-Lamy), enfin un voyage d'exploration dans les régions polaires (comme ceux de Nansen et de Nordenskiold).

Petits problèmes simples, résolus le plus souvent en classe au tableau, quelquefois sur copie.

GÉOMÉTRIE INTUITIVE

Simples exercices pour faire reconnaître et désigner les figures régulières les plus élémentaires : carré, rectangle, triangle, cercle.
Différentes sortes d'angles.

LEÇONS DE CHOSES
(*1 heure.*)

Les leçons de choses ayant pour objet de développer l'espi... d'observation de l'enfant et de l'exercer à exprimer le résultat de ses observations, le professeur fera, pour trouver la matière de ses leçons, un choix judicieux et restreint parmi les choses usuelles, les animaux et les plantes les plus familières à ses élèves. Il se préoccupera surtout d'exercer les enfants à apporter de la précision et de l'ordre dans l'examen des sujets proposés à leur étude.

Le professeur mettra les objets sous les yeux des élèves.

Ces leçons de choses ne doivent donner lieu à aucun devoir écrit. Aucun texte ne sera dicté.

En ce qui concerne la pratique de la leçon, on croit utile de faire remarquer que le professeur devra amener les enfants à prendre une part active à la leçon, les guider et leur faire trouver eux-mêmes les réponses.

Exemples de sujets :

Combustibles :
Bois, charbon, briquette, coke ;
Résine, cire, chandelle, bougie ;
Huile à brûler, pétrole, alcool ;
Gaz d'éclairage (notions sommaires).

Métaux usuels, leur aspect, leurs principaux usages :
Fer, étain, plomb, zinc, cuivre, laiton, bronze, argent.
   or. Monnaies.

Moyens de locomotion :
Routes, rivières, canaux, écluses, chemins de fer, voitures, bateaux, etc.

Divisions du temps :
Année, mois, jour, heure, minute; manière de lire l'heure.

DESSIN

(1 heure.)

Voir le programme commun des classes préparatoires, page 19.

CLASSES ÉLÉMENTAIRES

CLASSE DE HUITIÈME

LANGUE FRANÇAISE
(7 heures.)

Lecture courante, accompagnée d'une courte explication du sens des mots les plus difficiles.

Recueil élémentaire de morceaux choisis (¹).

Lecture expliquée, soit d'un morceau à apprendre, soit d'une dictée donnée en devoir, soit d'un passage pris dans le recueil de morceaux choisis.

Écriture cursive, droite ou anglaise.

Langue française : Grammaire élémentaire.

Étude des parties du discours.

Conjugaison complète des verbes réguliers (voix active, voix passive, voix réfléchie).

Verbes irréguliers les plus usuels.

Notions de syntaxe les plus simples.

Principes de la ponctuation.

Analyse : Étude plus complète de la proposition ; fonctions des mots ; sujet, verbe, compléments de lieu et de temps ; attribut du sujet ; complément déterminatif. Exercices d'analyse oraux le plus souvent, et quelquefois écrits.

---

(1) Les morceaux choisis sont obligatoires dans les classes préparatoires et élémentaires.

Exercices oraux :

Reproduction de récits faits de vive voix ; résumé de morceaux lus en classe.

Exercices de mémoire :

Récitation de fables, de poésies simples et de quelques morceaux de prose.

Le professeur pourra faire apprendre des morceaux dictés en classe.

Exercices écrits :

Exercices gradués d'orthographe (au tableau noir ou sur le cahier).

Dictées de peu d'étendue, préalablement lues et expliquées, offrant un sens complet et intéressant.

Exercices variés de langue française ([1]).

Petits exercices de composition française consistant en descriptions de choses vues, d'objets ou d'êtres familiers, en reproductions de récits préparés en classe et en rédactions sur images.

MORALE et INSTRUCTION CIVIQUE

Voir le programme de la classe de Dixième, page 16.

HISTOIRE et GÉOGRAPHIE

(3 heures.)

HISTOIRE

Notions sommaires d'histoire de France, en insistant sur les faits essentiels, depuis les origines jusqu'à 1610. Courts sommaires dictés par le maître et récités par l'élève. Courts exposés, récits simples répétés de vive voix par l'élève.

([1]) Voir la note ([1]), page 21.

PROGRAMME (¹).

Aspect de la Gaule avant la conquête romaine. Jules César et Vercingétorix. Saint Martin de Tours.

Invasions des Barbares. Attila. Les Francs en Gaule. Le baptême de Clovis. Frédégonde et Brunehaut.

Charles Martel à Poitiers. Charlemagne recevant la soumission de Witikind. La légende de Roland. Charlemagne couronné empereur par le pape. Charlemagne visitant les écoles. Les Normands devant Paris.

Hugues Capet élu roi. — Le château féodal. Les seigneurs. Les paysans. Les villes. Les guerres privées. — Urbain II et Pierre l'Ermite prêchant la première croisade. Godefroy de Bouillon à Jérusalem.

Louis VI à l'attaque du Puiset. Un seigneur accordant une charte de commune. La maison commune et la cloche. Description rapide d'une église romane ou d'une église gothique de la région.

Philippe-Auguste à Bouvines. Charité et justice de Saint Louis. Saint Louis prisonnier en Égypte. Mort de Saint Louis.

La guerre de Cent ans. Philippe VI vaincu à Crécy. Les bourgeois de Calais. Le Grand Ferré. Jean le Bon prisonnier à Poitiers. Les Grandes Compagnies. Duguesclin. Charles V à l'hôtel Saint-Pol. La folie de Charles VI. Jeanne d'Arc.

Louis XI à Péronne. Charles le Téméraire à Granson et à Nancy. Louis XI au Plessis-lez-Tours. — Les premiers imprimeurs.

---

(1) Les professeurs choisiront les sujets qui leur paraîtront les plus propres à éveiller l'intérêt et à développer l'imagination des enfants. Ils leur feront connaître les grands faits de l'histoire locale, et toutes les fois qu'il y aura lieu, les monuments de la région.

Les guerres d'Italie. Bayard. François Ier à Marignan, à
  Pavie, à Madrid.

La cour de France ; François Ier à Fontainebleau.

La Réforme. La Saint-Barthélemy. Assassinats de Henri
  de Guise et de Henri III. La Ligue. Henri IV à Ivry.
  Le siège de Paris. La misère dans le royaume. Sully.
  L'édit de Nantes.

Étendue de la France en 1610 (1).

GÉOGRAPHIE

NOTIONS ÉLÉMENTAIRES DE GÉOGRAPHIE GÉNÉRALE.

La mer. Les marées et les courants. Le fond des mers
  et la vie sous-marine. Les continents ; grandes chaînes
  de montagnes ; grands cours d'eau.

Pays chauds et pays froids. Pays arrosés et pays secs.
  Les régions polaires. Les déserts. Animaux et plantes
  remarquables des grandes régions terrestres.

Description élémentaire des cinq parties du monde :
  Europe, Asie, Afrique, Amérique, Océanie. Donner
  sous forme de lectures ou d'entretiens familiers une
  idée de la vie sauvage et de la vie civilisée.

Forme et limites des continents : mers, golfes, détroits,
  caps, îles.

Principaux États avec leurs capitales ; leurs ressources
  agricoles ou industrielles les plus importantes. Grands
  ports de commerce et grandes villes.

Exercices élémentaires de cartographie au tableau noir
  et sur cahier.

---

(1) Le professeur indiquera sommairement, à l'aide d'une
carte, la formation territoriale de la France depuis l'avènement
de Hugues Capet ; il s'en tiendra aux grandes régions et aux
grandes villes.

CALCUL et GÉOMÉTRIE INTUITIVE

(4 heures.)

CALCUL

Revision du programme de Neuvième.

Mêmes exercices de numération.

Numération des nombres décimaux (sans dépasser les millièmes).

Système métrique : Étude élémentaire du système métrique : mètre, litre, gramme, franc, stère; multiples et sous-multiples.

Calcul mental : Nombreux exercices de calcul mental portant toujours sur de petits nombres.

Calcul écrit : Multiplication et division des nombres entiers avec tous les cas qui peuvent se présenter.

Les quatre opérations sur les nombres décimaux, sans théorie, ou tout au moins en se bornant aux explications les plus élémentaires que les élèves sont à même de saisir.

Petits problèmes utilisant les nombres entiers, puis les nombres décimaux, et donnant l'occasion de faire du calcul écrit. Éviter l'usage trop fréquent des problèmes d'invention; éviter aussi les énoncés trop compliqués; définir toujours les termes employés.

GÉOMÉTRIE INTUITIVE

Représentation des figures les plus simples de la géométrie plane.

Notions sur les principaux solides au moyen de modèles en relief.

LEÇONS DE CHOSES [1]
(1 heure.)

1° ANIMAUX.

Animaux domestiques :
Bœuf, vache, mouton, chien, chèvre, chameau, etc.
Services qu'ils nous rendent.

Animaux sauvages :
Gibier : lièvre, chevreuil, cerf, sanglier, etc. ;
Fourrures : castor, loutre, renard, etc. ;
Animaux féroces : lion, tigre, loup, ours, etc.

Oiseaux :
Domestiques : poule, canard, pigeon, etc. ;
Chanteurs : rossignol, fauvette, etc. ;
Rapaces : aigle, vautour, hibou, etc. ;
Migrateurs : cigogne, caille, hirondelle, etc.
Les nids ; utilité des oiseaux.

Poissons :
La carpe, le hareng, etc.

Insectes :
Mouche, abeille, fourmi, sauterelle, hanneton, pa-
pillon, ver à soie, etc.

2° VÉGÉTAUX.

La forêt :
Un arbre : racines, tronc, branches, feuilles, fleurs,
fruits.
Le bois : le bûcheron, le charbonnier, le sabotier,
le menuisier, le charpentier.

---

(1) Voir l'observation générale placée en tête du programme
le 2ᵉ année préparatoire, page 23.

Les champs :

Le blé, la vigne, la betterave, etc. ;

Le labour, la récolte ;

Les prairies, le foin.

Le jardin :

Les outils : bêche, râteau ;

Les fleurs, les fruits.

Les légumes : pommes de terre, haricots, etc. ;

Le grenier, la cave, la grange, le cellier.

DESSIN (¹)

[Programme commun aux classes de Huitième et Septième.]
(1 heure.)

I. Dessins sur papier, au crayon noir ou aux crayons de couleur, d'objets usuels simples. Modelage des mêmes modèles.

II. Dessins de mémoire.

III. Dessins explicatifs des leçons de choses, des récits d'histoire, etc., faits en classe.

IV. Arrangements décoratifs élémentaires.

V. Devoirs illustrés.

VI. Dessins libres faits hors de la classe (crayon, pastel, aquarelle, etc.).

CLASSE DE SEPTIÈME

LANGUE FRANÇAISE
(7 heures.)

Lecture : Même programme qu'en Huitième.

Recueil élémentaire de morceaux choisis (²).

Écriture : Même programme qu'en Huitième.

---

(1) Voir la note qui accompagne le programme de Sixième A., p. 18.

(2) Les morceaux choisis sont obligatoires dans les classes préparatoires et élémentaires.

Langue française : Grammaire élémentaire. — Revision.
Étude plus complète des verbes irréguliers.
Règles les plus simples de la syntaxe.
Notions sur l'emploi des temps et des modes.
Principes de la ponctuation.

Analyse : Étude complète des éléments de la proposition.
Attribut du sujet et *du complément*.
Principales espèces de propositions. Rapports qu'elles peuvent avoir entre elles.
Exercices oraux le plus souvent, et quelquefois écrits.

Exercices oraux :
Même programme qu'en Huitième.

Exercices de mémoire :
Même programme qu'en Huitième.

Le professeur pourra faire apprendre des morceaux dictés en classe.

Exercices écrits :
Exercices gradués d'orthographe (au tableau noir ou sur le cahier).

Dictées de peu d'étendue préalablement lues et expliquées offrant un sens complet et intéressant. (Éviter l'abus des difficultés grammaticales.)

Exercices variés de langue française (même programme qu'en Huitième) (1).

---

(1) Voici quelques exemples des exercices qu'il sera facile de varier :

Distinguer les noms des adjectifs, les verbes, etc., employés dans des phrases dites par le professeur, écrites au tableau ou prises dans un texte. — Changer dans une narration le temps des verbes ; en changer la personne. — Exercer les élèves à trouver et, s'il est possible, à classer un certain nombre de noms, d'adjectifs, de verbes se rapportant à un ordre d'idées donné. — Contraires d'adjectifs donnés ; même exercice sur les noms abstraits qui leur correspondent.

Ces exercices conviennent aux classes de Neuvième, de Huitième et de Septième.

Petits exercices de composition (même programme
  qu'en Huitième).
Dans la deuxième partie de l'année : Lettres très simples portant sur un fait déterminé de la vie courante.

MORALE et INSTRUCTION CIVIQUE

Voir l'instruction générale, page 16.

Instruction civique : Expliquer très simplement, à propos de la lecture, de l'histoire et de la géographie, le
  sens des mots : *citoyen, soldat, armée, patrie ; commune, canton, département, nation,* et les idées
  morales qui s'y rattachent.

HISTOIRE et GÉOGRAPHIE

(*3 heures.*)

HISTOIRE

L'histoire sommaire de la France dans la période moderne et
contemporaine depuis 1610 jusqu'en 1871. Courts sommaires
dictés. Récits simples. Courts exposés.

PROGRAMME.

Louis XIII et Richelieu. Le siège de la Rochelle. Exé-
  cution de Montmorency. La guerre contre les Espa-
  gnols. Condé à Rocroi.
La misère au temps de la Fronde. Charité de Saint
  Vincent de Paul.
Louis XIV. La cour de Versailles. Colbert, les mar-
  chands, les artisans et les paysans. Turenne en
  Alsace, Jean Bart. — La révocation de l'édit de
  Nantes. — Le duc d'Anjou proclamé roi d'Espagne.

Les dernières années de Louis XIV. La misère du royaume.

Louis XV. Maurice de Saxe à Fontenoy. Dupleix à Pondichéry. Montcalm au Canada.

Louis XVI et Turgot. Franklin et Voltaire. La Fayette en Amérique. Le combat de la *Belle-Poule*. Mort de la Pérouse.

L'Assemblée constituante. Les députés au jeu de paume. Mirabeau et le marquis de Dreux-Brézé. La prise de la Bastille. La nuit du 4 août. La fête de la Fédération. La fuite du roi et son retour à Paris.

Les enrôlements volontaires. Proclamation de la République. Valmy. La Convention nationale. La mort des Girondins. — Carnot; les armées républicaines. Jourdan à Fleurus.

Le Directoire. Bonaparte à Arcole, en Égypte. Masséna à Zurich.

Le Consulat. Passage du grand Saint-Bernard. Desaix à Marengo. Moreau à Hohenlinden.

L'Empire. Napoléon empereur. Austerlitz. Iéna, Napoléon et Alexandre de Russie à l'entrevue de Tilsitt. Le roi de Rome. La retraite de Russie. Le général Éblé et les pontonniers à la Bérésina. Les conscrits de 1813 à Lutzen. Les adieux de Fontainebleau.

Les Cent jours. La garde à Waterloo. Napoléon à Sainte-Hélène.

Comparaison entre les frontières de la France en 1800 et 1815.

La France de 1815 à 1848. Les Français dans la guerre de l'Indépendance grecque. Prise d'Alger. Prise de Constantine. Bugeaud et Abd-el-Kader. Les Français dans la guerre de l'Indépendance belge. — Les premiers bateaux à vapeur et les premiers chemins de fer.

La Révolution de 1848. Le suffrage universel. Lamartine à l'Hôtel de Ville. Le coup d'État de décembre 1851.

Le second Empire. La guerre de Crimée : Sébastopol. Les Français dans la guerre de l'Indépendance italienne : Solférino. — Le télégraphe électrique. Les grandes Expositions universelles de 1855 et 1867. L'inauguration du canal de Suez.

La guerre franco-allemande. L'invasion de l'Alsace. Les batailles autour de Metz. Sedan. La proclamation de la République. Le siège de Paris. Gambetta à Tours. Chanzy et l'armée de la Loire. Faidherbe et l'armée du Nord. Denfert-Rochereau à Belfort. Le traité de Francfort. Thiers et la libération du territoire.

Comparaison entre les frontières de la France en 1815 et 1871.

GÉOGRAPHIE

GÉOGRAPHIE ÉLÉMENTAIRE DE LA FRANCE ET DE SES COLONIES

Frontières maritimes et terrestres. Configuration. Situation.

Les montagnes : Massif central et Cévennes, Pyrénées, Alpes, Jura, Vosges : principaux sommets. — Grandes plaines et grandes vallées.

Les grands fleuves : Seine, Loire, Garonne, Rhône, Meuse. Les fleuves côtiers.

Les côtes : mers, golfes, détroits, caps, îles.

Anciennes provinces et départements : chefs-lieux. Description des principales régions de la France et de leurs populations (mœurs locales, costumes). Grandes villes.

Étude plus approfondie de la ville, du département, de la région habitée par l'élève.

Les principaux canaux de navigation intérieure et les grandes lignes de chemins de fer.

Algérie et Tunisie. Indo-Chine française. Madagascar. Le Soudan et le Congo. Notions rapides sur les autres colonies.

Exercices de cartographie au tableau noir et sur cahier, sans calque.

CALCUL et GÉOMÉTRIE INTUITIVE

(4 heures)

CALCUL

Revision rapide du programme de Huitième.

Numération des nombres décimaux. Opérations sur les nombres entiers et décimaux.

Système métrique : Étude du système métrique.

Calcul mental : Continuation des exercices de calcul mental, avec étude des cas particuliers les plus simples.

Idée générale des fractions : Les quatre opérations sur les fractions ; règles pratiques. Conversion des fractions ordinaires en fractions décimales.

Règle de trois simple (méthode de réduction à l'unité).

Règle d'intérêt simple.

Calcul écrit : Problèmes usuels et exercices d'application. Solutions raisonnées.

GÉOMÉTRIE INTUITIVE

Mêmes exercices qu'en Neuvième et en Huitième.

Mesure des surfaces au moyen de procédés expérimentaux ; mesure des principaux volumes par les mêmes procédés ; parallélépipède, cube, prisme, cylindre. Applications au système métrique.

LEÇONS DE CHOSES (¹)
(1 heure.)

1° MATÉRIAUX EMPLOYÉS DANS LA CONSTRUCTION ; LEUR PROVENANCE, LEURS USAGES.

Pierre de taille, meulière, sable, mortier, plâtre ; marbre, briques, poteries, ardoise, grès, granit.

2° L'AIR.

Les vents.

3° L'EAU.

Les trois états de l'eau.

Idée générale de la circulation de l'eau : évaporation, nuages, pluie, neige, glaciers, cours d'eau, lacs.

Les sources : infiltration, sources, puits, eaux potables, cavernes, sources minérales.

Les fleuves : terrains perméables et imperméables, leur influence sur le régime des cours d'eau ; effets du déboisement des montagnes ; torrents (l'Ubaye, par exemple) ; comparer le Rhône et la Seine. Alluvions, barres, estuaires, deltas.

La mer : terrains détruits ou formés par la mer ; falaises, galets, dunes.

---

(1) Voir l'observation générale placée en tête du programme de la classe de Neuvième, p. 23.

4° LES TERRAINS

Volcans : éruptions, tremblements de terre ; volcans éteints de l'Auvergne.

Terrains sédimentaires : fossiles.
L'enseignement sera complété par des excursions que dirigera le professeur lui-même.

DESSIN

(1 heure.)

Voir le programme commun des classes de Huitième et Septième, page 31.

PREMIER CYCLE

(Durée : Quatre ans.)

DIVISION A

CLASSE DE SIXIÈME A

LANGUE FRANÇAISE
(3 heures.)

Lecture, explication et récitation d'auteurs français.
Grammaire française : étude de la syntaxe.
Exercices de langue française et d'orthographe.
Petits exercices oraux et écrits de composition.

Les règles seront enseignées surtout par l'usage. Le professeur
ne manquera aucune occasion de faire constater aux élèves
qu'ils les appliquent instinctivement. Il rattachera donc constamment son enseignement aux exemples fournis par le langage parlé ou écrit. L'étude de la grammaire aura pour objet
de résumer dans des formules précises les règles tirées de
l'expérience.

AUTEURS (1).

Morceaux choisis de prose et de vers des classiques
français. (Le même recueil servira pour le premier
cycle.)

---

(1) Le professeur choisira annuellement dans cette liste les
auteurs qu'il fera expliquer en classe.

Récits extraits des prosateurs et poètes du Moyen âge
et mis en français moderne (livre de lecture ou
d'explication cursive).
La Fontaine. — *Fables* (les six premiers livres).
Fénelon. — *Télémaque.*
Buffon. — Descriptions choisies.
Choix de poètes du xixᵉ siècle.

LANGUE LATINE

(7 heures.)

Explication et récitation d'auteurs latins.
L'explication des textes sera le principal exercice de
la classe.
Grammaire latine.
Thème latin, écrit et oral.
Version latine.

Programme d'enseignement de la langue latine.

Déclinaisons et conjugaisons régulières.

On commencera en même temps l'étude des déclinaisons et
des conjugaisons de façon à mettre le plus tôt possible les élèves
en présence des éléments d'une phrase complète.

Petits exercices instantanés de traduction de français
en latin et de latin en français.

Le professeur lit lentement une phrase française ou latine
dont tous les mots ont déjà été vus des élèves, et ceux-ci la
traduisent, soit par écrit, soit oralement.

AUTEURS.

Recueil de textes faciles et gradués.
Epitome Historiæ græcæ (édition simple et de difficulté
graduée).
De Viris illustribus urbis Romæ. (2ᵉ semestre.)

LANGUES VIVANTES

[L'une des cinq langues suivantes : allemand, anglais,
espagnol, italien, russe.]

(5 heures.)

Voir le programme et les instructions, pages 183 et
196.

HISTOIRE et GÉOGRAPHIE

[Programme commun aux divisions A et B.]

(3 heures.)

HISTOIRE

L'ANTIQUITÉ.

I

L'Égypte. Le Nil. Religions. Mœurs. Monuments, écriture.

Chaldée et Assyrie. Babylone. Monuments, écriture,
astrologie.

Les Juifs. Les patriarches. Les Juges. David et Salomon.
Le Temple. Les Prophètes.

Les Phéniciens. Commerce et colonies.

Les Perses. Cyrus et Darius.

II

La Grèce. Troie et Mycènes. Les dieux et les héros.

Sparte et Athènes. L'éducation spartiate. Les Ilotes. Les
premiers temps d'Athènes. Solon.

Les fondations des colonies grecques.

Guerres médiques. Marathon, les Thermopyles, Sala-
mine.

La civilisation athénienne. La cité, les esclaves. Les

monuments, les théâtres et les fêtes. Le siècle de
Périclès.

La décadence d'Athènes. Prise d'Athènes. Socrate.

La Macédoine. Philippe et Alexandre. La conquête de
l'Asie.

III

L'Italie. Les Étrusques. Les Latins. Traditions sur la
Rome primitive.

Religion romaine. Le culte.

L'armée. La discipline; les camps; le triomphe.

La conquête romaine (1). Pyrrhus, Hannibal, les guerres
puniques.

La vie romaine. L'habitation, le vêtement, les repas,
les funérailles.

La société romaine. Les esclaves, les nobles. Le Sénat,
les comices. Les provinces.

Les troubles civils. Les Gracques. Marius, Sylla, Pompée,
César.

La conquête des Gaules. Vercingétorix.

IV

Établissement de l'Empire. Auguste, Tibère, Néron,
Vespasien, Trajan, Marc-Aurèle.

L'Empire. La défense des frontières. Les monuments,
les routes. — Les mœurs, les spectacles, le cirque.
Pompéi.

L'Église primitive. Les martyrs.

Anarchie et invasions. Dioclétien, Constantin.

Le christianisme religion d'État. Théodose.

---

(1) L'histoire militaire de Rome ne sera pas exposée en détail.
Dans les guerres principales, le professeur choisira un ou deux
exemples de combats.

GÉOGRAPHIE

GÉOGRAPHIE GÉNÉRALE. AMÉRIQUE. AUSTRALIE.

I

GÉOGRAPHIE GÉNÉRALE. *Le globe*. Simples notions sur les pôles, l'équateur, les zones terrestres. Répartition des terres et des mers.

Le relief. La montagne, le plateau, la plaine. — Volcans.

La mer. Les mouvements de la mer ; influence des courants ; la vie dans les mers.

L'atmosphère. Les mouvements de l'atmosphère ; action des vents.

La pluie. La circulation des eaux ; le fleuve.

Le climat. Climat maritime et climat continental.

La côte. Principales formes du rivage.

La végétation et la vie animale. Types principaux. — Le désert.

L'homme. Notions élémentaires sur la répartition de la population, des langues et des religions. Principales races. La vie civilisée et la vie sauvage.

II

LES TERRES POLAIRES : Notions élémentaires.

AMÉRIQUE. Notions de géographie physique(¹). Notions de géographie politique et économique (n'insister que sur le *Canada*, les *États-Unis*, le *Mexique*, le *Brésil*, le *Chili*, la *République argentine*.)

Relations avec l'Asie, l'Océanie et l'Europe. Immigration.

---

(1) Ces notions devront être présentées dans l'ordre adopté pour l'exposé des notions de géographie générale.

AUSTRALASIE. Australie. Nouvelle-Zélande. Principaux archipels de l'Océan Pacifique ([1]).

CALCUL

(2 heures.)

Revision des opérations sur les nombres entiers.

Exercices de calcul mental. — Problèmes sur les nombres entiers.

Fractions ordinaires. — Réduction de plusieurs fractions au même dénominateur. — Opérations sur les fractions.

Nombres décimaux. — Opérations. — Exercices.

Conseils généraux. — Le professeur s'abstiendra de toute théorie ; son but doit être d'apprendre aux élèves à faire correctement les opérations et de les habituer, par de nombreux exemples, à la signification de ces opérations.

Les définitions, en particulier celles qui concernent les fractions, seront constamment appuyées sur des exemples concrets.

HISTOIRE NATURELLE

[Programme commun aux divisions A et B ; mais il lui est attribué *une heure* dans la division A, *2 heures* dans la division B.]

ZOOLOGIE

Le professeur se bornera à préciser les caractères et les mœurs des animaux les plus importants des diverses régions du globe. Il ajoutera des notions sur la façon de capturer ces animaux et de les utiliser. Il s'aidera autant que possible de spécimens préparés, de planches et de dessins tracés sur le tableau ; il s'attachera à éveiller chez les élèves les facultés d'observation et de comparaison.

Description très sommaire de l'homme (3 leçons environ).

Grandes divisions du règne animal.

Vertébrés. — Caractères essentiels des cinq classes.

---

(1) L'étude de l'*Insulinde* sera rattachée à l'étude de l'Asie.

Mammifères. — Exemples choisis dans les divers ordres.

Oiseaux. — Exemples choisis dans les différents ordres. — Nids. — Oiseaux de la région ; leur utilité.

Reptiles. — Crocodiles, tortues, lézards ; serpents.

Batraciens. — Métamorphoses.

Poissons. — Principaux poissons alimentaires.

Articulés. — Insectes : caractères extérieurs. — Métamorphoses. — Exemples les plus intéressants dans les divers ordres par les mœurs et les produits.

Arachnides : scorpions, araignées. — Acariens.

Crustacés. — Espèces comestibles.

Mollusques. — Poulpe. — Escargot. — Huîtres et moules.

Vers. — Lombrics. — Sangsues.

Oursins et étoiles de mer.

Polypes et méduses. — *Corail.*

Éponges.

DESSIN

[Programme commun aux classes de Sixième et de Cinquième A et B.]

(2 heures.)

Le maître n'aura pas à introduire dans la classe tous les modèles ni tous les détails d'exercices proposés. Il appartient à son initiative d'y faire un choix raisonné, approprié à son goût et aux moyens de ses élèves. On a voulu simplement indiquer la variété considérable des exercices que l'on peut entreprendre pour tenir en haleine la curiosité des esprits et affiner le sens de l'observation.

I. Dessins faits en classe d'après des modèles :

a) Objets usuels simples ;

b) Échantillons de zoologie et de botanique ;

c) Modèle vivant vêtu ;

d) Modèles tirés de l'histoire de l'art (en Sixième, tirés des monuments égyptiens, chaldéens, assyriens, perses, grecs et romains ; en Cinquième, tirés des monuments byzantins, arabes, romains et gothiques).

II. Arrangements décoratifs.

III. Dessins ou croquis de mémoire.

IV. Dessins faits hors de la classe (crayon, pastel, aquarelle, etc.), notamment illustrations de devoirs.

V. Modelage.

CLASSE DE CINQUIÈME A

LANGUE FRANÇAISE

(3 heures.)

Lecture, explication et récitation d'auteurs français.
Grammaire française : continuation de l'étude de la syntaxe.
Exercices de langue française et d'orthographe.
Compositions très simples.

Les règles seront enseignées surtout par l'usage. Le professeur ne manquera aucune occasion de faire constater aux élèves qu'ils les appliquent instinctivement. Il rattachera donc constamment son enseignement aux exemples fournis par le langage parlé ou écrit. L'étude de la grammaire aura pour objet de résumer dans des formules précises les règles tirées de l'expérience.

AUTEURS [1].

Morceaux choisis de prose et de vers des classiques français.

Récits extraits des prosateurs et poètes du Moyen âge et mis en français moderne.

Corneille. — Scènes choisies.

Molière. — Scènes choisies.

Racine. — *Esther*.

La Fontaine. — *Fables* (les six premiers livres).

Fénelon. — *Télémaque*.

Buffon. — Descriptions choisies.

Contes et récits en prose, tirés des écrivains du XVIIe et du XVIIIe siècle (Lesage, Voltaire, etc.).

Choix de poètes du XIXe siècle.

LANGUE LATINE

(7 heures.)

Explication et récitation d'auteurs latins.

L'explication des textes sera le principal exercice de la classe.

Grammaire latine.

Thème latin, écrit et oral.

Version latine.

Révision de la grammaire. — Déclinaisons et conjugaisons régulières et irrégulières.

Premiers éléments de syntaxe : syntaxe d'accord ; emplois principaux des cas ; compléments des verbes ; propositions principales et propositions subordonnées.

---

[1] Le professeur choisira annuellement dans cette liste les auteurs qu'il fera expliquer en classe.

Groupement des mots par familles. Mots primitifs, mots dérivés et mots composés.

Exercices instantanés de traduction du français en latin.

Explication des auteurs, instantanée ou après préparation.

La construction latine comparée à la construction française d'après des exemples tirés des textes expliqués.

Reproduction de mémoire de morceaux expliqués en classe.

AUTEURS.

De Viris illustribus urbis Romæ. (1er semestre.)

Selectæ e profanis scriptoribus historiæ (édition simple et de difficulté graduée).

Cornelius Nepos. (2e semestre.)

Phèdre : fables choisies. (2e semestre.)

Justin. — Extraits.

LANGUES VIVANTES

[L'une des cinq langues suivantes : allemand, anglais, espagnol, italien, russe.]

(5 heures.)

Voir le programme et les instructions pages 183 et 196.

HISTOIRE et GÉOGRAPHIE

(Programme commun aux divisions A et B.)

(3 heures.)

HISTOIRE

LE MOYEN AGE ET LE COMMENCEMENT DES TEMPS MODERNES.

I

Gaule ancienne. Principaux peuples. La religion et les mœurs.

Gaule romaine. Villes, monuments, routes. Le Christianisme en Gaule. Les évêques.

Les invasions barbares. Mœurs des Germains. Les invasions en Gaule : les Huns.

Les Francs. Clovis. Formation du royaume franc. Démembrement de ce royaume. Mœurs de l'époque mérovingienne (¹).

Les Arabes. Mahomet. Le monde musulman.

L'Empire franc. Charlemagne ; l'Empire ; la vie de l'Empereur ; la cour ; l'armée ; les écoles.

Décomposition de l'Empire franc. Le démembrement de l'Empire en royaumes. Les invasions : les Normands. Démembrement du royaume de France en grands fiefs.

La France. Avènement des Capétiens. Extension du domaine et du pouvoir royal de 987 à 1328. Philippe-Auguste ; Saint-Louis ; Philippe le Bel.

L'Angleterre. La conquête normande. La Grande Charte. Le Parlement.

L'Allemagne. Othon le Grand. Frédéric Ier Barberousse. L'anarchie en Allemagne.

II

L'Église au Moyen âge. La papauté. Grégoire VII. Innocent III. Boniface VIII. Rôle de l'Église dans la société : l'excommunication et l'interdit, les pénitences, les pèlerinages. — Les hérétiques, l'Inquisition, les Ordres mendiants.

Les Croisades. Première, troisième et quatrième croisades.

---

(1) Le professeur n'exposera pas la succession des rois mérovingiens. Après le règne de Clovis, il se contentera de marquer la division du royaume franc en régions, telles que Neustrie, Austrasie, Burgondie, Aquitaine.

La société au Moyen âge. Les paysans, les chevaliers, le château, l'hommage. Les villes, la bourgeoisie ; les métiers ; les communes. Commerce, foires.

La civilisation occidentale. Les monuments romans et gothiques. L'habitation. Le costume. L'armement. Les inventions des xiv⁰ et xv⁰ siècles.

III

Les Valois et la guerre de Cent ans. Crécy, Calais, Poitiers. Duguesclin ; les grandes compagnies. Jeanne d'Arc.

La France aux XIV⁰ et XV⁰ siècles. Les États généraux ; les aides et les tailles ; les compagnies d'ordonnances. La Maison de Bourgogne.

L'Europe à la fin du XV⁰ siècle. L'Angleterre. L'Allemagne : la Hanse. L'Italie : Florence, Venise. — L'Europe orientale : les Magyars ; les peuples slaves ; les Turcs ; la prise de Constantinople.

GÉOGRAPHIE

ASIE ET INSULINDE, AFRIQUE.

Notions de géographie physique (1).
Notions de géographie politique et économique
Relations avec l'Europe et l'Amérique.

CALCUL

(2 heures.)

Système métrique. — Longueurs, aires, volumes (2), poids, densités, monnaies. — Temps, vitesses.

---

(1) Cf. la note 1 au programme de Sixième, page 43.
(2) On donnera, en particulier, la règle pour évaluer l'aire d'un rectangle et le volume d'un parallélépipède rectangle.

Exercices simples de changements d'unités.

Règle de trois par la méthode de réduction à l'unité.

Intérêt simple. — Escompte commercial. — Rentes. —
Problèmes simples relatifs aux mélanges et aux
alliages.

Emploi des lettres pour représenter les inconnues. —
Problèmes simples conduisant à des équations du
premier degré.

Conseils généraux. — En expliquant le système métrique, les
questions d'intérêt, etc., le professeur commencera à habituer
les élèves à l'usage des lettres et des formules simples. Pour le
reste, l'emploi de la méthode algébrique permettra d'éviter les
raisonnements, qui, lorsqu'on veut les formuler dans le langage
ordinaire, se présentent sous une forme compliquée et difficile à retenir (règle de fausse position, etc.). L'enseignement
donné dans cette classe ne comporte aucune théorie des équations.

Le professeur devra donc habituer les élèves à mettre les problèmes en équation, en ne parlant que de quantités concrètes,
et, dans la résolution des équations, il devra faire expliquer la
transformation en se plaçant toujours au point de vue concret.

HISTOIRE NATURELLE

[Programme commun aux divisions A et B.]

(*1 heu*)

BOTANIQUE

Le professeur devra toujours faire porter ses explications soit
sur des échantillons de plantes mis entre les mains des élèves, soit
sur des planches ou des dessins tracés sur un tableau, indiquant
les caractères essentiels. L'enseignement sera complété autant
que possible par des excursions dirigées par le professeur.

Étude extérieure des différents organes d'une plante à
fleur.

Racine : ramifications, radicelles, poils absorbants,
coiffe. — Bouturage ; marcottage.

Tige : tiges rampantes, tiges grimpantes ; rhizomes. —

Troncs d'arbres : zones d'accroissement, cœur et aubier.

Feuille. — Modifications principales des feuilles. — Bourgeons.

Fleur. — Constitution générale de la fleur. — Diverses sortes de fleurs. — Transformation de la fleur en fruit.

Fruit.

Graines. — Germination.

Aliments végétaux.

Grandes divisions du règne végétal.

Phanérogames. — Étude sommaire de quelques familles au moyen des plantes les plus importantes de la région.

Cryptogames. — Étude sommaire de quelques types : Fougères, mousses, algues, champignons. Dangers de certains champignons.

DESSIN

(2 heures.)

Voir le programme de la classe de Sixième, page 45.

CLASSE DE QUATRIÈME A

MORALE

[Programme commun aux divisions A et B.]

(*1 heure.*)

LECTURES, RÉCITS, ENTRETIENS MÉTHODIQUES PROPRES A FORTIFIER LES SENTIMENTS FAVORABLES AU DÉVELOPPEMENT MORAL ET A COMBATTRE LES TENDANCES CONTRAIRES.

La sincérité. — La franchise et l'esprit de ruse. — La véracité et le mensonge. — Être et paraître. — L'hypocrisie.

Le courage. — Le brave et le lâche. — Énergie et mollesse. — Persévérance et caprice. — Courage contre la souffrance, contre le plaisir. — Courage de résister à l'opinion par respect pour sa conscience ; courage de reconnaître ses torts, de s'accuser. — La faiblesse morale.

La délicatesse morale. — Le dégoût des plaisirs grossiers.

La probité. — Le vol, la fraude et les passe-droits. — Le respect des engagements. — La probité de l'écolier.

La bonté. — L'affection pour les parents, pour les frères. — La bonne camaraderie. — L'amitié. — La politesse. — La pitié et la cruauté. — La générosité. — La bonté envers les animaux.

L'éducation de soi-même. — Le sentiment de la dignité morale distingué du point d'honneur. — Le gouvernement de soi-même. — La fermeté du caractère et le désintéressement. — L'autorité intérieure de la conscience et le respect de la règle. — L'homme de devoir.

LANGUE FRANÇAISE

(3 heures.)

Lecture, explication et récitation d'auteurs français.

Les élèves seront habitués à faire des lectures complémentaires qui seront contrôlées en classe.

Revision de la grammaire française.

Notions très élémentaires de versification à l'occasion de l'explication des textes. Exercices sur la versification.

Exercices de langue française et d'orthographe.

Compositions très simples.

Le professeur donnera, à l'occasion de la lecture des textes, les notions de grammaire historique qui paraîtront nécessaires. Ces notions ne seront pas la matière d'un cours suivi et se donneront seulement dans la mesure où elles peuvent rendre plus intelligible l'usage actuel de la langue.

AUTEURS (1).

Morceaux choisis de prose et de vers des classiques français.

Corneille. — Scènes choisies.

Molière. — Scènes choisies.

Racine. — *Athalie.*

La Fontaine. — *Fables* (les six derniers livres)

Boileau. — *Le Lutrin.*

Fénelon. — Choix de dialogues et de fables.

Voltaire. — *Charles XII; Siècle de Louis XIV.*

---

(1) Le professeur choisira annuellement dans cette liste les auteurs qu'il fera expliquer en classe.

Portraits et récits extraits des Mémoires du xviie et du
xviiie siècle.
Chateaubriand. — Récits, scènes et paysages.
Michelet. — Extraits historiques.
Choix de poètes du xixe siècle.

LANGUE LATINE

(6 heures.)

Explication et récitation d'auteurs latins.

L'explication des textes sera le principal exercice de la classe.

Grammaire latine.
Thème latin, écrit et oral.
Version latine.

Programme d'enseignement de la langue latine.

Revision de la grammaire latine. Étude plus complète
de la syntaxe.
Explication des auteurs. La construction latine comparée à la construction française d'après des exemples tirés des textes expliqués. Exercices oraux sur le
vocabulaire.
Exercices de prosodie et de versification : vers hexamètres et pentamètres à scander et à retourner.

AUTEURS.

Cornelius Nepos (1er semestre).
César. — *De Bello gallico.*
Cicéron. — *De Senectute.*
Quinte-Curce.
Virgile. — *Énéide* (livres I, II et III).
Ovide. — *Métamorphoses* (morceaux choisis).
Pages et pensées morales, extraites des auteurs latins.

LANGUE GRECQUE (Facultative).
(3 heures.)

Grammaire grecque.

Exercices grecs écrits et oraux.

Programme d'enseignement de la langue grecque.

Étude des déclinaisons (article, noms, adjectifs, pronoms) et des conjugaisons (verbes en ω, verbes contractes, verbes en μι ; verbes irréguliers les plus usuels).

Mots invariables.

Éléments de la syntaxe.

AUTEURS.

Chrestomathie.

Fables d'Ésope.

Lucien. — Extraits : *Dialogue des Morts, Dialogues des Dieux* et *Histoire vraie.*

LANGUES VIVANTES
(L'une des cinq langues suivantes : allemand, anglais, espagnol, italien, russe.)

*(3 heures pour les élèves qui font du grec,
4 heures pour ceux qui n'en font pas.)*

Voir le programme et les instructions : pages 183 et 196.

HISTOIRE et GÉOGRAPHIE
(Programme commun aux divisions A et B).
(3 heures.)

HISTOIRE
LES TEMPS MODERNES.

I

Les découvertes maritimes et les établissements coloniaux.
— Les épices et les métaux précieux.

La Renaissance. Les artistes et les monuments.

État de l'Europe occidentale à la fin du XVe siècle. La France, l'Espagne, l'Allemagne, l'Italie, l'Angleterre.

La lutte entre les maisons de France et d'Autriche. L'empire de Charles-Quint.

La Réforme. Luther et Calvin. L'anglicanisme. La réforme catholique : la Société de Jésus, le concile de Trente.

Les guerres religieuses. Le calvinisme en France. La Saint-Barthélemy. La Ligue. L'Édit de Nantes. Rôle de l'Espagne sous Philippe II.

Caractères généraux et résultats de la Guerre de Trente ans (1). Les armées. Les traités de Westphalie et des Pyrénées.

II

Établissement de la monarchie absolue en France. François Ier. Henri IV. Richelieu ; Mazarin.

Louis XIV. La politique extérieure (2). — La cour ; le gouvernement ; la politique religieuse ; la Révocation de l'Édit de Nantes. — Colbert ; industrie, commerce, marine. Les impôts.

La société du XVIIe siècle. Clergé, noblesse, villes, paysans. État matériel de la France pendant le règne de Louis XIV.

L'art français au XVIIe siècle. Les grands écrivains ; les principaux monuments.

L'Angleterre au XVIIe siècle. Les révolutions de 1648 et de 1688.

---

(1) Le professeur ne racontera pas la guerre de Trente ans. Il choisira des exemples d'actions militaires.

(2) Pour les guerres de Louis XIV, même observation que pour la guerre de Trente ans.

III

La France sous Louis XV. La monarchie absolue. Les
   Parlements.
L'Angleterre au xviiie *siècle*. Le régime parlementaire.
La Prusse. Frédéric II.
L'Autriche. Marie-Thérèse et Joseph II.
L'Empire russe. Pierre le Grand ; Catherine II.
La politique extérieure au xviiie *siècle :* Lutte entre la
   Prusse et l'Autriche. — Partage de la Pologne. —
   Lutte entre la France et l'Angleterre ; les Indes et le
   Canada. — L'indépendance des États-Unis.
La France avant la Révolution. L'état matériel : villes
   et campagnes. Les idées nouvelles. L'opinion publi-
   que et le gouvernement.
Louis XVI. La crise financière ; la convocation des
   États généraux.

GÉOGRAPHIE

L'EUROPE.

Géographie physique (1) : étude d'ensemble.
Géographie politique et traits caractéristiques de la
   géographie économique pour chacun des principaux
   États.
Superficie et population comparées des grands États,
   leur situation économique et leurs forces militaires.
   Grandes voies de communication internationales.

---

(1) Ces notions devront être présentées dans l'ordre adopté
pour l'exposé des notions de géographie générale.

MATHÉMATIQUES
(2 heures.)
ARITHMÉTIQUE

Produit de facteurs. Puissance.

Caractères de divisibilité par 2, 5, 9, 3.

Nombres premiers. Règles pratiques pour la décomposition d'un nombre en produit de facteurs premiers, pour la recherche du p. g. c. d., du p. p. c. m.

Exercices sur le système métrique, les fractions et les grandeurs directement et inversement proportionnelles. Règle pratique pour l'extraction de la racine carrée d'un nombre entier ou décimal à moins d'une unité décimale d'un ordre donné.

GÉOMÉTRIE
(Voir les Instructions, page 207.)

Usage de la règle, de l'équerre, du compas et du rapporteur.

Ligne droite et plan. Angles.

Triangles. Triangle isocèle. Cas d'égalité des triangles.

Perpendiculaires et obliques. Cas d'égalité des triangles rectangles.

Droites parallèles. Somme des angles d'un triangle, d'un polygone convexe.

Parallélogramme. Rectangle. Losange. Carré.

Cercle. Cordes et arcs. Tangente.

Positions relatives de deux cercles.

Constructions élémentaires sur la droite et le cercle.

SCIENCES NATURELLES
(1 heure.)
GÉOLOGIE

Dans ce cours, l'énumération des diverses couches, étages, sous-étages, les listes des fossiles sont rigoureusement proscrites. Le professeur se bornera à faire connaître les traits principaux de chacun des âges de la terre, à décrire les fossiles les plus importants au moyen d'objets mis sous les yeux des élèves, de planches murales, de photographies et de dessins exécutés au tableau noir. Quelques excursions seront indispensables pour compléter le cours. Le professeur s'attachera plus particulièrement à l'étude de la géologie locale.

Étude sommaire des phénomènes actuels. Torrents et rivières ; alluvions et deltas ; infiltrations. Neiges et glaciers. Action de la mer. Mouvements du sol. Volcans.

Roches éruptives, roches sédimentaires, stratifications, fossiles.

Les temps primaires. — Principales formes animales : brachiopodes articulés, premiers vertébrés. — Alluvions végétales ; origine et importance de la houille. — Principales roches.

Les temps secondaires. — Ammonites, Bélemnites. — Domination des reptiles ; premiers oiseaux et premiers mammifères. — Apparition des plantes à fleurs. — Principales roches.

Les temps tertiaires. — Extension des mammifères. — Formation des grandes chaînes de montagnes. — Principales roches.

Les temps quaternaires. — Phénomènes glaciaires et phénomènes volcaniques. — L'homme et la faune quaternaires.

DESSIN [1]

[Programme commun aux classes de Quatrième et de Troisième A et B.]

(1 heure pour les élèves qui font du grec, 2 heures pour ceux qui n'en font pas.)

I. Dessins faits en classe d'après des modèles :

   a) Objets usuels simples ;

   b) Échantillons de zoologie et de botanique ;

   c) Modèle vivant vêtu ;

---

(1) Voir la note qui accompagne le programme de Sixième A, p. 45.

d) Modèles tirés des monuments d'art du Moyen-Age, de la Renaissance, des xviiᵉ, xviiiᵉ et xixᵉ siècles;

e) Croquis perspectifs d'après des modèles utilisés pour le dessin géométrique.

II. Arrangements décoratifs.

III. Dessins et croquis de mémoire.

IV. Dessins faits hors de la classe (crayon, pastel, aquarelle, etc.), notamment illustrations de devoirs.

V. Modelage.

CLASSE DE TROISIÈME A

MORALE

[Programme commun aux divisions A et B.]

(*1 heure.*)

LECTURES, RÉCITS, ENTRETIENS MÉTHODIQUES PROPRES A FAIRE COMPRENDRE LA VALEUR DES FINS DE L'HOMME EN SOCIÉTÉ.

La solidarité. — Action et réaction des individus les uns sur les autres. — Ce que l'individu reçoit de la société; répercussion de ses actes dans le milieu social. — Les devoirs qui résultent de la solidarité. — Obligations créées par l'instruction que l'on a reçue.

Justice et fraternité sociale. — Les droits de l'individu. — La liberté de penser; la tolérance. — L'assistance.

La famille. — Rôle social et moral de la famille.

La profession. — L'obligation morale et sociale du travail. — Le travail professionnel comme fonction sociale. — Les vertus professionnelles. — Esprit d'initiative et esprit d'association.

La nation. — L'idée de patrie. — Éducation du patriotisme : le sentiment de la patrie dans l'accomplissement de nos devoirs professionnels.

L'État et les lois. — La légalité. — Les fonctions de l'État. — La démocratie et les principes de 1789.
L'humanité. — Les relations des nations entre elles : justice internationale. — La civilisation humaine.
Liberté individuelle et discipline sociale. — Le bon citoyen.

LANGUE FRANÇAISE
(4 heures.)

Lecture, explication et récitation d'auteurs français.

Les élèves seront habitués à faire des lectures complémentaires qui seront contrôlées en classe.

Le professeur donnera, à l'occasion de l'étude des textes, les notions de grammaire historique qui paraîtront nécessaires. Ces notions ne seront pas la matière d'un cours suivi et se donneront seulement dans la mesure où elles peuvent rendre plus intelligible l'usage actuel de la langue.

Compositions françaises.

(A partir de cette classe, un précis d'histoire de la littérature française sera mis entre les mains des élèves.)

AUTEURS (1).

Morceaux choisis de prosateurs et de poètes des XVIe, XVIIe, XVIIIe et XIXe siècles.
Portraits et récits extraits des prosateurs du XVIe siècle.
Corneille. — Théâtre choisi.
Molière. — Théâtre choisi.
Racine. — Théâtre choisi.
Boileau. — *Satires* et *Épîtres*.
Lettres choisies du XVIIe et du XVIIIe siècle.
Chefs-d'œuvre poétiques de Lamartine et de Victor Hugo.
Chateaubriand. — Récits, scènes et paysages.
Michelet. — Extraits historiques.

---

(1) Le professeur choisira annuellement dans cette liste les auteurs qu'il fera expliquer en classe.

LANGUE LATINE
(6 heures.)

Explication et récitation d'auteurs latins.

L'explication des textes sera le principal exercice de la classe.

Les élèves seront en outre engagés à faire des lectures supplémentaires qui seront contrôlées en classe.

Révision de la grammaire latine à l'occasion des exercices de la classe.

Version latine.

Thème latin.

Exercices de prosodie et de versification ; vers hexamètres et pentamètres à scander et à retourner.

(A partir de cette classe, un précis d'histoire de la littérature latine sera mis entre les mains des élèves.)

AUTEURS.

Narrationes (recueil de récits extraits principalement de Tite-Live).

Cicéron. — *Catilinaires*. — *Pro Archia*.

Salluste.

Théâtre latin. — Extraits.

Virgile. — *Géorgiques* (principalement les Épisodes). — *Énéide* (livres IV à VIII).

Anthologie des poètes latins (à l'exclusion des ouvrages compris dans les programmes).

Pages et pensées morales, extraites des auteurs latins.

LANGUE GRECQUE (Facultative).
(3 heures.)

Explication et récitation d'auteurs grecs.

Révision et continuation de l'étude de la grammaire grecque.

Version grecque.
Thème grec.

AUTEURS.

Lucien. — Extraits : *Le Songe ou le Coq, Timon, l'Icaro-Ménippe, Charon.*

Xénophon. — Extraits *de la Cyropédie et de l'Anabase.*
Hérodote. — Extraits.
Pages et pensées morales extraites des auteurs grecs.

LANGUES VIVANTES

[L'une des cinq langues suivantes : allemand, anglais, espagnol, italien, russe.]

*(3 heures pour les élèves qui font du grec,
4 heures pour ceux qui n'en font pas.)*

Voir le programme et les instructions, pages 183 et 196.

HISTOIRE et GÉOGRAPHIE

(Programme commun aux divisions A et B.)

(3 heures.)

HISTOIRE

L'ÉPOQUE CONTEMPORAINE.

I

L'ancien régime en France. Cour, gouvernement, état social, clergé, noblesse, villes, paysans.

Les États généraux et l'Assemblée constituante. La Constitution de 1791.

La République. La Convention; le gouvernement révolutionnaire. Le Directoire.

Transformation de la société française par la Révolution. Égalité civile et politique.

La lutte entre la Révolution et l'Europe. L'armée républicaine. Les conquêtes (1).

Le Consulat. L'organisation intérieure ; le Concordat.

L'Empire. Le régime impérial.

La politique extérieure de Napoléon. L'armée ; Austerlitz, Iéna, Wagram, campagne de Russie, invasion de la France, Waterloo.

Le Congrès de Vienne. L'organisation territoriale de l'Europe ; la Sainte Alliance.

II

Le gouvernement de la Restauration. La Charte et les partis ; la Révolution de 1830.

Le Gouvernement de Louis-Philippe. Les partis ; la Révolution de 1848.

Les arts, les lettres, les sciences en France dans la première moitié du XIXe siècle.

III

La seconde République. Le suffrage universel ; la réaction ; le coup d'État de 1851.

Le second Empire : histoire intérieure.

L'unité italienne (1848-1870).

L'unité allemande (1848-1871). La guerre franco-allemande.

La question d'Orient au xixe siècle. Les nouveaux États balkaniques

IV

Transformation de l'industrie et du commerce. La vapeur ; l'électricité. La grande industrie. Les voies de

____

(1) On n'insistera pas sur le récit des luttes de la Révolution et de l'Empire. Dans les guerres principales, le professeur choisira un ou deux exemples de batailles.

communication internationales ; chemins de fer ; lignes de navigation, câbles.

L'expansion européenne. Formation de l'Empire colonial de l'Angleterre et de la France. Émigration et commerce de l'Allemagne.

L'Extrême-Orient. Sibérie, Chine, Japon.

V

L'Angleterre. Les réformes démocratiques ; l'Irlande au XIX* siècle.

L'Empire allemand. Constitution. L'Alsace-Lorraine.

L'Autriche-Hongrie. Les luttes des nationalités.

La Russie. Le gouvernement ; l'émancipation des serfs.

Les États-Unis au XIX siècle.* La constitution ; l'abolition de l'esclavage ; agrandissement du territoire ; accroissement de la population.

La France de 1870 à 1889. Histoire intérieure.

VI

Le gouvernement de la France au XIX siècle.* Le gouvernement central : ministres et chambres. — Le régime électoral : régime censitaire ; suffrage universel. — La presse, le droit de réunion et d'association. — La démocratie ; le droit de suffrage ; l'instruction populaire ; le service militaire obligatoire. — La législation du travail depuis 1848.

GÉOGRAPHIE

LA FRANCE ET SES COLONIES.

Géographie physique. Notions élémentaires de géologie. Relief. Climats. Cours d'eau. Côtes. Ressources naturelles.

Géographie politique. Organisation militaire. Organisation administrative. La frontière.

Géographie économique : traits caractéristiques.

Les colonies. L'Algérie ; le protectorat de Tunisie ; l'Afrique française ; Madagascar ; l'Indo-Chine ; les colonies du Pacifique ; les colonies d'Amérique.

MATHÉMATIQUES

(3 heures.)

ARITHMÉTIQUE

Rapports et proportions.

ALGÈBRE

Nombres positifs et négatifs. Opérations. Applications concrètes.

Monomes ; polynomes.

Addition, soustraction, multiplication des monomes et des polynomes

Division des monomes.

Équations numériques du premier degré à une ou deux inconnues.

GÉOMÉTRIE

Problèmes et interrogations sur le programme de la classe précédente.

Points qui partagent une droite dans un rapport donné.

Lignes proportionnelles.

Triangles semblables. Définitions du sinus, du cosinus, de la tangente et de la cotangente d'un angle.

Définition des figures homothétiques. Polygones semblables.

Relations métriques dans un triangle rectangle.

Propriétés des sécantes dans le cercle.

Constructions de la quatrième proportionnelle et de la moyenne proportionnelle.

Polygones réguliers : carré, hexagone et triangle équilatéral.

Mesure de la circonférence du cercle (énoncé).

Mesure des aires du rectangle, du parallélogramme, du triangle, du trapèze, des polygones, du cercle.

Rapport des aires de deux polygones semblables.

DESSIN

(1 heure pour les élèves qui font du grec, 2 heures pour ceux qui n'en font pas.)

Voir le programme de la classe de Quatrième, page 60.

DIVISION B

CLASSE DE SIXIÈME B

LANGUE FRANÇAISE
(6 heures.)

Grammaire de l'usage.

Exercices simples d'analyse grammaticale et d'analyse logique, surtout oraux.

Exercices sur le vocabulaire : familles de mots, mots simples, dérivés, composés.

Lectures et explications d'auteurs.

Récitation. — On fera, de préférence, apprendre par cœur des morceaux de poésie.

Reproduction libre, de vive voix ou par écrit, de lectures et de récits faits en classe.

Petits exercices de composition.

Les règles seront enseignées surtout par l'usage. Le professeur ne manquera aucune occasion de faire constater aux élèves qu'ils les appliquent instinctivement. Il rattachera donc constamment son enseignement aux exemples fournis par le langage parlé ou écrit. L'étude de la grammaire aura pour objet de résumer dans des formules précises les règles tirées de l'expérience.

AUTEURS (1)

(LECTURE, EXPLICATION, RÉCITATION.)

Morceaux choisis de prose et de vers des classiques

---

(1) Le professeur choisira annuellement dans cette liste les ouvrages qu'il fera expliquer en classe.

français. (Le même recueil servira pour le premier
   cycle.)
La Fontaine. — *Fables* (les six premiers livres).
Fénelon. — Choix de fables et de dialogues.
Buffon. — Descriptions choisies.
Récits extraits des poètes et prosateurs du Moyen âge et
   mis en français moderne.
Choix de poètes du xix° siècle (¹).
Contes et récits en prose tirés des écrivains du xix°
   siècle (¹).

LANGUES VIVANTES
(5 heures.)

(L'une des cinq langues suivantes : allemand, anglais,
espagnol, italien, russe.)

Voir le programme et les instructions, pages 183 et
196.

HISTOIRE et GÉOGRAPHIE
(3 heures.)

Voir les programmes de Sixième A, pages 41 et 43.

CALCUL
(3 heures.)

Révision des opérations sur les nombres entiers. Exercices de calcul mental. Problèmes sur les nombres
   entiers.
Fractions ordinaires. — Réduction de plusieurs fractions au même dénominateur. Opérations sur les
   fractions. Nombres décimaux; opérations. Exercices.

-----

(1) Ces deux recueils seront encore utilisés dans des classes
ultérieures.

Système métrique. — Longueurs, aires, volumes, poids, densités, monnaies. — Temps, vitesses. — Énoncé de quelques règles relatives à l'évaluation d'aires et de volumes simples. — Exercices ; exemples simples de changements d'unités, tirés du système métrique.

Règle de trois par la méthode de réduction à l'unité. — Intérêt simple. — Escompte commercial. Rentes. Problèmes simples relatifs aux alliages et aux mélanges.

Conseils généraux. — Pour la première partie du programme, le professeur s'abstiendra de toute théorie ; son but doit être d'apprendre aux élèves à faire correctement les opérations et de les habituer par de nombreux exemples à la signification de ces opérations. Les définitions, en particulier celles qui concernent les fractions, seront constamment appuyées sur des exemples concrets.

A l'occasion du système métrique, des règles d'intérêt, etc., le professeur commencera à habituer les élèves à l'emploi des lettres et à l'usage des formules simples qui se présentent naturellement.

HISTOIRE NATURELLE
(*2 heures.*)

ZOOLOGIE

Voir le programme de Sixième A, p. 44.

DESSIN
(*2 heures.*)

Voir le programme de Sixième A, p. 45.

CLASSE DE CINQUIÈME B

LANGUE FRANÇAISE
(6 heures.)

Étude plus complète des formes. — Syntaxe.

Exercices écrits et oraux de langue française.

Lectures et explications d'auteurs.

Récitation. — On fera, de préférence, apprendre par cœur des morceaux de poésie

Les élèves seront habitués à faire des lectures complémentaires qui seront contrôlées en classe.

Petits exercices de composition.

Les règles seront enseignées surtout par l'usage. Le professeur ne manquera aucune occasion de faire constater aux élèves qu'ils les appliquent instinctivement. Il rattachera donc constamment son enseignement aux exemples fournis par le langage parlé ou écrit. L'étude de la grammaire aura pour objet de résumer dans des formules précises les règles tirées de l'expérience.

AUTEURS (¹).

(LECTURE, EXPLICATION, RÉCITATION.)

Morceaux choisis de prose et de vers des classiques français.

Chanson de Roland, mise en français moderne.

La Fontaine. — *Fables* (les six derniers livres).

Boileau. — Choix de *satires* et épisodes du *Lutrin*.

Racine. — *Esther*.

Fénelon. — *Télémaque*.

---

(1) Le professeur choisira annuellement dans cette liste les ouvrages qu'il fera expliquer en classe.

Choix de poètes du xix° siècle.

Contes et récits en prose tirés des écrivains du xix° siècle.

LANGUES VIVANTES

(5 heures.)

[L'une des cinq langues suivantes : allemand, anglais, espagnol, italien, russe.]

Voir le programme et les instructions, pages 183 et 196.

HISTOIRE et GÉOGRAPHIE

(3 heures.)

Voir les programmes de Cinquième A, pages 48 et 50.

MATHÉMATIQUES

(4 heures.)

ARITHMÉTIQUE

Numération décimale.

Addition et soustraction des nombres entiers.

Multiplication des nombres entiers. Produit d'une somme ou d'une différence par un nombre. Produit de facteurs. Puissances.

Division des nombres entiers. Règle pratique.

Caractères de divisibilité par 2, 5, 9, 3.

Nombres premiers. Règles pratiques pour la décomposition d'un nombre en produit de facteurs premiers, pour la recherche du plus grand commun diviseur, du plus petit commun multiple.

Révision du système métrique.

GÉOMÉTRIE ET DESSIN GÉOMÉTRIQUE
(voir Instructions, page 207).

Usage de la règle, de l'équerre, du compas et du rapporteur.

Ligne droite et plan. Angles. Symétrie par rapport à une droite. Triangles. Triangle isocèle. Cas d'égalité des triangles.

Perpendiculaire et obliques. Cas d'égalité des triangles rectangles.

Droites parallèles. Somme des angles d'un triangle, d'un polygone convexe.

Parallélogramme. Rectangle. Losange. Carré.

Cercle. Diamètre. Cordes et arcs. Tangente.

Positions relatives de deux cercles.

Constructions d'angles et de triangles.

Tracé des perpendiculaires et des parallèles.

Constructions de cercles, de tangentes.

Exécution, avec les instruments, des constructions expliquées dans le cours de géométrie. — Problèmes et exercices simples se rapportant également au cours de géométrie ; exécution graphique de la solution trouvée.

HISTOIRE NATURELLE
(1 heure.)

BOTANIQUE

Voir le programme de Cinquième A, page 51.

DESSIN D'IMITATION
(2 heures.)

Voir le programme de Sixième A, p. 48.

CLASSE DE QUATRIÈME B

MORALE
(*1 heure.*)

Voir le programme de Quatrième A, p. 53.

LANGUE FRANÇAISE
(*5 heures.*)

Lecture, explication et récitation d'auteurs (vers et prose).

Le professeur donnera, à l'occasion de l'étude des textes, les notions de grammaire historique qui paraîtront nécessaires. Ces notions ne seront pas la matière d'un cours suivi et se donneront seulement dans la mesure où elles peuvent rendre plus intelligible l'usage actuel de la langue.

Les élèves seront habitués à faire des lectures complémentaires qui seront contrôlées en classe (¹).

Compositions françaises et exercices sur la langue française.

AUTEURS (²).
(LECTURE, EXPLICATION, RÉCITATION.)

Morceaux choisis de prose et de vers des classiques français.

Corneille. — *Le Cid.*

Molière. — *L'Avare.*

---

(1) Ces lectures pourront porter sur les traductions des principaux chefs-d'œuvre de l'antiquité et des littératures modernes.

(2) Le professeur choisira annuellement dans cette liste les ouvrages qu'il fera expliquer en classe.

Racine. — *Athalie, Les Plaideurs.*
Voltaire. — *Histoire de Charles XII.*
Michelet. — *Extraits historiques.*
Contes et récits en prose tirés des écrivains du xviiie siècle.
Choix de poètes du xixe siècle.

LANGUES VIVANTES
(4 heures.)

[L'une des cinq langues suivantes : allemand, anglais, espagnol, italien, russe.]

Voir le programme et les instructions, pages 183 et 196.

HISTOIRE et GÉOGRAPHIE
(3 heures.)

Voir les programmes de Quatrième A, pages 56 et 58.

MATHÉMATIQUES
(4 heures jusqu'au 15 février, 5 heures après cette date.)

ARITHMÉTIQUE

Fractions ordinaires. Opérations.

Fractions décimales. Grandeurs directement et inversement proportionnelles. Opérations sur les nombres décimaux.

Règle pratique pour l'extraction de la racine carrée d'un nombre entier ou décimal à moins d'une unité décimale d'un ordre donné.

Progressions arithmétiques et géométriques. Somme des termes des progressions limitées.

Méthodes commerciales du calcul de l'intérêt et de l'escompte. Bordereaux d'escompte. Comptes courants.

Notions sommaires sur les valeurs

GÉOMÉTRIE ET DESSIN GÉOMÉTRIQUE

Points qui divisent une droite dans un rapport donné.

Lignes proportionnelles. Propriété des bissectrices d'un triangle.

Triangles semblables. Définition du sinus, du cosinus et de la tangente d'un angle.

Définition des figures homothétiques : Polygones semblables.

Relations métriques dans un triangle rectangle.

Constructions de la quatrième proportionnelle et de la moyenne géométrique.

Polygones réguliers : carré, hexagone et triangle équilatéral.

Mesure de la circonférence du cercle (énoncé).

Mesure des aires du rectangle, du parallélogramme, du triangle, du trapèze, des polygones.

Rapport des aires de deux polygones semblables.

Aire du cercle.

Exécution, avec les instruments, des constructions expliquées dans le cours de géométrie. Problèmes et exercices simples se rapportant également au cours de géométrie ; exécution graphique de la solution trouvée.

Construction graphique de lieux géométriques. Tracé des courbes à la plume.

PHYSIQUE et CHIMIE

(2 heures jusqu'au 15 février, 1 heure après cette date.)

PHYSIQUE

Pesanteur. — Poids. — Verticale. — Fil à plomb ;

niveau des maçons ; plan horizontal ; angle des verticales de deux points éloignés.

Centre de gravité. — Notion expérimentale ; conditions d'équilibre d'un corps suspendu ou appuyé.

Notion générale de la force : direction, point d'application, intensité. Notion du travail mécanique : exemples familiers ; kilogrammètre.

Pesée avec les instruments usuels : peson, balance. — Double pesée.

Mesure du volume d'un solide ou d'un liquide (emploi des vases gradués). — Poids spécifiques.

Équilibre des liquides et des gaz. — Efforts exercés par des solides pesants sur leurs appuis : exemples familiers ; notion de la pression. — Liquides. — La surface libre d'un liquide est plane et horizontale, ainsi que la surface de séparation de deux liquides non miscibles. — Pressions. Énoncé de la règle donnant la pression sur un centimètre carré de la paroi ; exemples numériques. — Applications : vases communicants, niveau d'eau ; distribution d'eau dans les villes ; presse hydraulique ; ascenseurs.

Principe d'Archimède, démonstration expérimentale ; corps flottants.

Pression atmosphérique. — Baromètre : variation de la pression atmosphérique avec l'altitude. — Manomètres usuels.

Énoncé de la loi de Mariotte. — Exercices numériques.

Chaleur. — Température. — Thermomètre à mercure, échelle centigrade.

Notions sur la dilatation des corps ; applications usuelles.

Quantité de chaleur ; mesure d'une quantité de chaleur

d'origine quelconque par la méthode des mélanges.
— Notions sur les chaleurs spécifiques; valeur exceptionnelle de la chaleur spécifique de l'eau; conséquences pratiques.

Fusion. — Point de fusion. — Chaleur de fusion (simple définition). Solidification.

Vaporisation. — Chauffage de l'eau en vase clos : chaudière à vapeur. — Variation de la pression de la vapeur avec la température dans les limites d'emploi des chaudières (pressions en kilogrammes par centimètre carré). — Principe de la machine à vapeur. Notion de puissance.

Ébullition ; variation de la température d'ébullition avec la pression. — Distillation.

Conseils généraux. — L'enseignement de la physique et de la chimie dans le premier cycle devra rester très élémentaire et d'un caractère pratique. Il sera toujours fondé sur des expériences. Le professeur évitera, autant que possible, dans ses démonstrations, l'emploi d'appareils compliqués. Il emploiera fréquemment les représentations graphiques ; par des applications numériques, toujours empruntées à la réalité, il exercera les élèves à se rendre compte de l'ordre de grandeur des phénomènes.

CHIMIE

Divers états de la matière; exemples familiers.

Eau pure; analyse, synthèse.

Hydrogène.

Oxygène.

Air. — Expérience de Lavoisier.

Azote.

Électrolyse du chlorure de sodium : chlore, sodium, soude caustique, chlorures décolorants.

Acide chlorhydrique ; chlorures.

Ammoniaque.

Corps simples : métalloïdes, métaux. Corps composés : invariabilité de leur composition.

Symboles, notation atomique, formules.

Soufre, acide sulfurique, acide sulfhydrique.

Acide azotique.

Combustibles naturels et artificiels. — Carbone.

Anhydride carbonique. — Oxyde de carbone.

Conseils généraux. — Ce programme étant détaillé, le professeur devra se limiter strictement à l'étude des corps qui y sont indiqués, en se bornant pour chaque corps à l'exposé des propriétés essentielles. Il suffira, pour la préparation des produits usuels, de donner une idée des procédés industriels modernes, sans insister sur le détail des appareils.

Les élèves devront se servir du tableau des poids atomiques, sans se préoccuper des conventions sur lesquelles repose l'établissement de ce tableau. Le professeur, en insistant sur ce que les symboles représentent des poids et des volumes, familiarisera les élèves avec l'emploi de ces symboles et des formules.

SCIENCES NATURELLES

(1 heure.)

Voir le programme de Quatrième A, p. 59.

DESSIN D'IMITATION

(2 heures.)

Voir le programme de Quatrième A, p. 60.

CLASSE DE TROISIÈME B

MORALE
(*1 heure.*)

Voir le programme de Troisième A, p. 61.

LANGUE FRANÇAISE
(*6 heures.*)

Lecture, explication et récitation d'auteurs.

Les élèves seront habitués à faire des lectures complémentaires qui seront contrôlées en classe (¹).

Lectures et interrogations destinées à faire connaître les grandes époques de la littérature française.

Compositions françaises.

(A partir de cette classe, un précis d'histoire de la littérature française sera mis entre les mains des élèves.)

AUTEURS (²)
(LECTURE, EXPLICATION, RÉCITATION.)

Morceaux choisis de prose et de vers des classiques français.

---

(1) Ces lectures pourront porter sur les traductions des principaux chefs-d'œuvre de l'antiquité et des littératures modernes

(2) Le professeur choisira annuellement dans cette liste les auteurs qu'il fera expliquer en classe

Corneille. — *Horace, Cinna.*
Racine. — *Britannicus, Iphigénie.*
Molière. — *Le Bourgeois Gentilhomme, Les Femmes Savantes.*
Bossuet. — *Oraisons funèbres.*
Chateaubriand. — *Récits, scènes et paysages.*
Victor Hugo. — Choix de poésies.
Contes et récits tirés des écrivains du xviie et du xviiie siècles.
Scènes extraites des auteurs comiques du xviie et du xviiie siècles.

LANGUES VIVANTES

(5 heures.)

[L'une des cinq langues suivantes : allemand, anglais, espagnol, italien, russe.]

Voir le programme et les instructions, pages 183 et 196.

COMPTABILITÉ PRATIQUE (Facultative.)

(1 heure, pour les établissements où l'on en reconnaîtrait l'utilité, après décision de l'assemblée des professeurs.)

HISTOIRE et GÉOGRAPHIE

(3 heures.)

Voir les programmes de Troisième A, pages 64 et 66.

MATHÉMATIQUES

(4 heures.)

ALGÈBRE

Nombres positifs et négatifs. Opérations. Applications concrètes.

Monomes, polynomes.

Addition, soustraction, multiplication des monomes et des polynomes.

Division des monomes.

Équations numériques du premier degré à une ou à deux inconnues.

Variation et signe de l'expression $ax + b$; représentation graphique.

Équations du second degré. Relations entre les coefficients et les racines.

Variations de x^2 et $\dfrac{1}{x}$; représentation graphique.

Usage des tables de logarithmes et d'antilogarithmes à quatre décimales. Intérêts composés.

GÉOMÉTRIE

Du plan et de la droite dans l'espace.

Angle dièdre. Droites et plans parallèles. Droite et plan perpendiculaires.

Projection d'un polygone.

Définition des angles polyèdres, du prisme, de la pyramide.

Surfaces et volumes du prisme et de la pyramide.

Cône, cylindre, plan tangent.

Sphère. Sections planes de la sphère. Pôles.

Surfaces et volumes du cône et du cylindre de révolution. Surface et volume de la sphère (énoncé).

Levé des plans, arpentage, nivellement.

PHYSIQUE et CHIMIE

(2 heures jusqu'au 15 février, 1 heure après cette date.)

PHYSIQUE

Acoustique. — Nature et qualités du son.

Optique. — Propagation rectiligne de la lumière ; ombres.

Miroir plan : lois de la réflexion. Notion de la réfraction. Lentilles (étude purement expérimentale). — Marche des rayons ; image réelle et image virtuelle.

Loupe ; notions très sommaires sur le microscope et sur la lunette.

Complexité de la lumière blanche.

Photographie.

Magnétisme et électricité. — Faits généraux du magnétisme. — Aimants. — Définition expérimentale du champ magnétique. — Boussole de déclinaison.

Existence du courant électrique. — Conducteurs, isolants.

Notions très élémentaires sur l'électrolyse. — Définitions de la quantité d'électricité et de l'intensité d'un courant : Coulomb, ampère.

Champ magnétique d'un courant : bobine ; électro-aimant ; applications.

Ampèremètre.

Notion de résistance. — Ohm.

Notion de force électromotrice. — Volt.

Loi d'Ohm. — Voltmètre.

Lois de Joule.

Action d'un champ sur un courant : machine Gramme (comme récepteur). — Réversibilité de la machine Gramme : principe des phénomènes d'induction.

Conseils généraux. — (Voir le programme de Quatrième B, p. 79.)

CHIMIE

Chimie des métaux.

Propriétés pratiques des métaux usuels et de leurs principaux alliages : fer, fontes, aciers ; zinc ; cuivre, laiton ; plomb ; aluminium ; argent, or, alliages monétaires.

Chlorure de sodium et carbonate de sodium.

Calcaires, chaux, plâtre.

Oxyde de zinc.

Sulfate de cuivre.

Minium, céruse.

Alumine.

Silice, porcelaine, faïences, verres et cristal.

Eaux naturelles, eaux potables.

Chimie organique.

Méthane, pétroles. — Acétylène, benzène.

Alcool éthylique, fermentation alcoolique.

Acide acétique, vinaigre, fermentation acétique.

Corps gras, acides gras.

Glycérine, bougies et savons.

Saccharose, glucose.

Conseils généraux. — (Voir le programme de Quatrième B, p. 80.)

HISTOIRE NATURELLE

ZOOLOGIE

(*1 heure.*)

Dans ce cours, le professeur, tout en exposant dans leurs grands traits les diverses fonctions, fera connaître les données biologiques indispensables à l'homme pour assurer son alimentation et son hygiène : chasse, pêche, domestication et dressage des animaux ; il donnera des indications sommaires sur les animaux associés de l'homme pour le travail musculaire (bêtes de chasse, bêtes de somme ou de trait, bêtes de course) ainsi que sur les plantes ou les animaux qui fournissent les matières premières des vêtements.

I. *Digestion*. — Appareil digestif; série des transformations subies par les aliments.

Intoxications alimentaires : champignons, aliments altérés.

Parasites contenus dans les viandes.

II. *Circulation*. — Sang : appareil circulatoire, mécanisme de la circulation. — Lymphe.

III. *Respiration*. — Appareil respiratoire, phénomènes mécaniques, chimiques et physiques. — Air respirable. — Dangers de l'air confiné. — Existence de germes dans l'air (expériences de Pasteur).

IV. *Principales maladies contagieuses*. — Fièvre typhoïde, tuberculose, diphtérie. Modes de transmission.

V. *Chaleur animale*. — Production ; entretien. — Régulation de la température.

VI. *Système nerveux*. — Centres nerveux, nerfs. — Dangers des excitants (alcoolisme). — Œil et oreille.

VII. *Appareil du mouvement*. — Os, squelette, articulation, muscles. — Exercice musculaire. — Hygiène de la peau.

DESSIN

Dessin géométrique.
(1 heure.)

Exemples d'ombres usuelles et pratique raisonnée du lavis. Dessins géométriques, dans lesquels entreront des lignes droites et des cercles, empruntés à des motifs de décoration de surfaces planes : parquetages, dallages ; mosaïques ; vitraux ; lavis à l'encre de Chine et à la couleur de quelques-uns de ces dessins.

Dessin d'imitation.
(2 heures.)

Voir le programme de Quatrième A, p. 60.

SECOND CYCLE

(Durée : Trois ans.)

SECTION LATIN-GREC

CLASSE DE SECONDE A

LANGUE FRANÇAISE

[Programme commun aux sections A, B, C.]

(4 heures.)

Explication et récitation d'auteurs français.

Les élèves seront habitués à faire des lectures complémentaires qui seront contrôlées en classe.

Le professeur donnera, à l'occasion de l'étude des textes, les notions de grammaire historique qui paraîtront nécessaires. Ces notions ne seront pas la matière d'un cours suivi et se donneront seulement dans la mesure où elles peuvent rendre plus intelligible l'usage actuel de la langue.

Compositions françaises.

Lectures et interrogations destinées à faire connaître les principaux écrivains français jusqu'à la fin du XVIe siècle.

(A partir de cette classe, une grammaire plus développée sera mise entre les mains des élèves.)

AUTEURS (¹)

Morceaux choisis de prosateurs et de poètes des xvie, xviie, xviiie et xixe siècles.

Chanson de Roland.

Villehardouin, Joinville, Froissart, Commines. — Extraits.

Chrestomathie du Moyen âge.

Montaigne. — Principaux chapitres et extraits.

Chefs-d'œuvre poétiques de Marot, Ronsart, du Bellay, d'Aubigné, Régnier.

Corneille. — Théâtre choisi.

Molière. — Théâtre choisi.

Racine. — Théâtre choisi.

La Fontaine. — *Fables*.

Boileau. — Satires et épîtres.

Bossuet. — Oraisons funèbres.

La Bruyère. — *Caractères*.

Lettres choisies du xviie et du xviiie siècle.

Lectures sur la société du xviie siècle extraites des mémoires et des correspondances.

J.-J. Rousseau. — Morceaux choisis.

Chefs-d'œuvre poétiques de Lamartine et de Victor Hugo.

Choix des principaux historiens du xixe siècle.

LANGUE LATINE

[Programme commun aux sections A, B, C.]

(4 heures.)

Explication et récitation d'auteurs latins.

---

(1) Le professeur choisira annuellement dans cette liste les auteurs qu'il fera expliquer en classe.

L'explication des textes sera le principal exercice de la classe.
Les élèves seront en outre engagés à faire des lectures supplémentaires qui seront contrôlées en classe.

Version latine.

Thème latin et exercices élémentaires de composition latine.

Lectures de textes et interrogations destinées à faire connaître les principaux écrivains latins.

(A partir de cette classe, une grammaire plus développée sera mise entre les mains des élèves.)

AUTEURS.

Cicéron. — *De Suppliciis*. — *De Signis*. — *Songe de Scipion*.

Tite Live. — Un livre de la 3e décade.

Tacite. — *Vie d'Agricola*. — *Germanie*.

Pline le Jeune. — Choix de lettres.

Théâtre latin. — Extraits.

Virgile. — *Énéide* (livres IX à XII). — *Bucoliques*.

Horace. — *Odes*.

Anthologie des poètes latins (à l'exclusion des ouvrages compris dans les programmes).

Pages et pensées morales, extraites des auteurs latins.

LANGUE GRECQUE
(5 heures.)

Explication et récitation d'auteurs grecs.

Revision de la grammaire.

Version grecque.

Thème grec.

Lectures et interrogations destinées à faire connaître les principaux écrivains grecs.

(A partir de cette classe, un précis d'histoire de la littérature grecque et une grammaire grecque plus développée seront mis entre les mains des élèves.)

AUTEURS.

Homère. — *Iliade, Odyssée.*
Xénophon. — *L'Économique.*
Platon : *Apologie de Socrate, Criton, Ion.*
Plutarque.— Extraits suivis des *Vies parallèles (Alexandre et César, Démosthène et Cicéron, Alcibiade et Coriolan, Périclès et Fabius Maximus)*.
Euripide. — Une tragédie (les deux *Iphigénie, Alceste, Hécube, Hippolyte, Médée*).
Pages et pensées morales extraites des auteurs grecs.

LANGUES VIVANTES

(L'une des cinq langues suivantes : allemand, anglais, espagnol, italien, russe.)

(*2 heures.*)

Voir le programme et les instructions pages 183 et 196.

HISTOIRE ET GÉOGRAPHIE

(*4 heures 1/2.*)

HISTOIRE ANCIENNE

[Programme commun aux sections A et B.]

I

Temps préhistoriques. Les grandes périodes préhistoriques. Les races et les peuples.
L'Égypte. Description de l'Égypte. L'ancien empire. Les Pyramides. — L'empire de Thèbes. Religion : dieux ; culte des morts. — Monuments ; temples,

tombeaux ; arts ; écriture. — Mœurs ; industries. — Découvertes archéologiques.

Chaldée. Description de la Chaldée et de l'Assyrie. Villes anciennes de Chaldée. — Les palais des rois assyriens. — Babylone. — Religion ; magie ; astrologie ; poids et mesures. — Monuments ; bas-reliefs ; inscriptions ; écriture. — Découvertes archéologiques.

Les Juifs. Description de la Palestine. Les tribus. Les Juges. — Les royaumes d'Israël et de Juda. — Le culte. Les Prophètes.

Phénicie. Description de la Phénicie. Les villes ; la religion. — L'industrie ; le commerce ; les colonies ; l'alphabet.

Les Perses. Description de l'Iran. L'empire perse. Religion ; gouvernement ; monuments. — Découvertes archéologiques.

II

La Grèce. Description des pays grecs.

Les anciens temps. Troie et Mycènes ; les Hellènes.

Les mythes. Les dieux. Les héros.

Sparte. Le peuple ; les Ilotes ; l'éducation ; les rois ; le Sénat ; les éphores ; l'armée.

Les tyrans. Argos ; Corinthe ; Sicyone.

Athènes. Premiers temps d'Athènes ; Solon ; Pisistrate ; Clisthène ; les Archontes ; l'Aréopage.

La colonisation grecque. Les colonies d'Asie, du Pont-Euxin, d'Afrique ; de Sicile et de Grande Grèce : de Gaule et d'Espagne.

La civilisation jusqu'au Ve siècle. Le commerce et les arts. Les poètes ; les sages. La religion ; le culte ; les grands sanctuaires. Les jeux.

Les guerres médiques. L'invasion ; les armées ; les
  flottes.
Formation de l'empire d'Athènes. La ligue athénienne ;
  la rupture avec Sparte.
La démocratie athénienne. Classes sociales. L'éducation.
  La vie privée. Monuments. Fêtes. Théâtres. Assem-
  blée et tribunaux ; orateurs. Le commerce d'Athènes.
La guerre du Péloponèse. Caractères généraux ; prise
  d'Athènes.
Suprématie de Sparte. Les Trente ; Socrate. Agésilas.
Suprématie de Thèbes. Épaminondas.
Suprématie de la Macédoine. Philippe. Alexandre. La
  conquête de l'Asie.
Fondation des royaumes helléniques. Alexandrie, le
  Musée. Les royaumes d'Asie. La civilisation grecque
  en Orient.
Dernières luttes en Grèce. Les ligues. La conquête.

HISTOIRE MODERNE
(Programme commun aux sections A, B, C, D.)

I

L'Europe du Xe au XVe siècle. Formation territoriale
  des États : France, Angleterre, Allemagne, Espagne,
  Italie.
Organisation des États. France : la royauté, justice,
  impôts, armée. Angleterre : la royauté, le parlement.
  Allemagne : l'empereur, les princes, les villes.
La Société. Formation des classes sociales, nobles,
  bourgeois, paysans, du xe au xve siècle, particuliè-
  rement en France.
L'Église. Les couvents et le clergé. La papauté et

l'Empire. La théorie des pouvoirs pontifical et impérial. Grégoire VII. Innocent III. Boniface VIII. Les papes d'Avignon. Les conciles du xv⁰ siècle. L'opposition à l'Église : opposition religieuse, les hérésies; opposition politique, les concordats.

La civilisation. Les Universités. L'art roman et l'art gothique. La Renaissance au xiv⁰ et au xv⁰ siècle. Les inventions.

II,

La France, de 1498 à 1559. Transformation du gouvernement et de la société ; la cour ; le clergé ; les villes, les métiers, les paysans. — La vénalité des offices.

La politique européenne, de 1498 à 1559. L'empire de Charles-Quint. Lutte entre les maisons de France et d'Autriche (¹).

Les découvertes maritimes et les établissements coloniaux. Les voies de commerce ; les épices et les métaux précieux.

La Renaissance. Les artistes, les humanistes, les écrivains en Italie, en France, en Allemagne, aux Pays-Bas, en Espagne, en Angleterre.

La crise religieuse au XVI⁰ siècle. La Réforme luthérienne jusqu'à la paix d'Augsbourg. Les Réformes calviniste, presbytérienne, anglicane. — La réforme catholique ; la société de Jésus ; l'œuvre du concile de Trente.

Politique générale de Philippe II. Lutte contre la Réforme. Révolte des Pays-Bas, formation des Provinces-Unies.

---

(1) Le professeur ne fera pas l'exposé des guerres. Il choisira quelques exemples d'actions militaires.

L'Angleterre sous Élisabeth. Établissement de la monarchie protestante ; lutte contre l'Espagne ; la marine.

Les luttes intérieures en France de 1559 à 1610. Les partis ; la Ligue ; Henri IV ; l'édit de Nantes. Rétablissement de l'autorité royale.

III

Établissement de la monarchie absolue en France. Richelieu ; Mazarin ; la Fronde.

La politique européenne de 1610 à 1660. Restauration catholique en Autriche. Politique de l'Empereur dans l'Empire. La guerre de Trente ans ; les belligérants ; caractères généraux de la guerre (1) ; les armées ; la paix de Westphalie, la paix des Pyrénées.

Les Provinces-Unies au XVIIe siècle. États généraux ; stathouder ; compagnies de commerce. Vie intellectuelle.

L'Angleterre de 1603 à 1660. Les Stuarts ; tentative de monarchie absolue ; révolution de 1648 ; Cromwell.

IV

L'Angleterre de 1660 à 1714. La Restauration des Stuarts ; les conflits religieux et politiques. La réaction absolutiste. Révolution de 1688. La succession protestante. Le Royaume-Uni.

Louis XIV, la monarchie absolue. La doctrine du pouvoir royal ; la cour, l'étiquette ; le gouvernement. Œuvre de Colbert. Louvois. Les affaires religieuses : gallicanisme ; jansénistes ; calvinistes.

---

(1) Il ne sera pas fait d'exposé détaillé de l'histoire militaire et diplomatique de la guerre de Trente ans.

Politique extérieure de Louis XIV (¹). Louis XIV et la
succession d'Espagne ; acquisitions de territoires.
Les coalitions contre la France.

La Société française. au XVIIᵉ siècle. Clergé, noblesse,
villes, paysans. La justice, la procédure criminelle.
État matériel de la France sous Louis XIV ; impôts
et expédients financiers.

L'Europe orientale au XVIIᵉ siècle. L'Autriche, la Hon-
grie et la Turquie. La Suède, la Pologne et la Russie.

Mouvement intellectuel en Europe au XVIIᵉ siècle. Sciences, philosophie, lettres, arts.

GÉOGRAPHIE

[Programme commun aux sections A, B, C, D.]

GÉOGRAPHIE GÉNÉRALE

I

La découverte de la Terre. Le monde connu des anciens.
Les routes de commerce et les grands voyageurs du
Moyen âge. La découverte de l'Amérique et de la route
maritime de l'Inde. L'exploration des mers australes.
L'exploration de l'Afrique. L'exploration des régions
polaires.

La science géographique. Ses transformations et ses
progrès. La représentation de la Terre : projections,
cartes, globes.

II

La Terre dans l'Univers. Le système solaire. La Terre

---

(1) Il ne sera pas fait d'exposé complet des guerres de Louis XIV.
Le professeur étudiera seulement, à titre d'exemple, les épisodes
principaux d'une de ces guerres.

dans le système solaire. Mouvements de la Terre. Hypothèse de Laplace. Coup d'œil sur les époques géologiques.

Le globe terrestre dans son état actuel. Ses dimensions. Sa structure. Répartition des terres et des mers.

L'élément solide. L'écorce terrestre : sa composition ; terrains éruptifs et sédimentaires ; terrains anciens et récents ; propriétés des divers terrains. — Le relief : formation ; importance.

L'élément liquide. Les océans. L'eau de mer. Les mouvements des mers, vagues, marées, courants. Le fond des mers ; la vie dans les mers.

L'élément gazeux. L'atmosphère. La température ; influences qui la déterminent. Les mouvements de l'atmosphère : vents réguliers, périodiques ; action des vents. Les pluies : formation ; répartition. Classification des climats.

Les eaux courantes. Neiges et glaciers. Les eaux d'infiltration et les sources. Les eaux de ruissellement et les fleuves. Caractères principaux et utilité des cours d'eau.

Les côtes. Côtes rocheuses, côtes sablonneuses, côtes alluviales.

Les minéraux. Ressources minérales des divers terrains.

Les flores et les faunes. Répartition des plantes et des animaux. Principales zones de végétation. Grandes régions zoologiques.

Les modifications actuelles de la Terre. Les actions internes : dislocations du sol ; tremblements de terre ; volcans. Les actions externes : actions de l'atmosphère, des eaux courantes et souterraines, de la mer. Les variations du climat et de la végétation.

III

L'homme. Place de l'homme dans l'histoire de la Terre.

La population actuelle du globe. Nombre des hommes: natalité et mortalité; répartition; principaux centres de peuplement; points de groupements des populations. Les races, langues et religions; leur distribution; pays civilisés et pays encore sauvages.

L'homme et la nature. Influence de la nature sur l'homme. Action de l'homme sur la nature. Déplacement des centres de peuplement et d'activité.

IV

Grands traits de la géographie économique du globe.

Les produits alimentaires. Le froment; le riz; la pomme de terre; la vigne; la betterave et la canne; le café; le thé: conditions de la culture; principaux pays producteurs et consommateurs.

Les textiles. Le lin et le chanvre; le coton; la laine; la soie: pays producteurs et pays manufacturiers.

Les combustibles. La houille; le pétrole.

Les minéraux précieux et les minéraux utiles. L'or et l'argent. Le fer, le cuivre, le plomb, l'étain, le nickel, le mercure.

Le monde économique actuel. Moyens et instruments de transport. Les grandes voies ferrées transcontinentales; les grandes lignes de navigation. Les principaux ports et les principaux pays industriels et commerçants.

MATHÉMATIQUES

[Programme commun aux sections A et B.]

(2 heures.)

L'enseignement des mathématiques dans les classes de

Seconde et de Première A et B doit préparer les élèves à
l'étude de la physique. Chaque fois que ce sera possible, les développements théoriques du programme de ces classes seront
accompagnés d'exercices numériques.

Le professeur choisira les données de ces applications de
telle sorte que les élèves soient rompus à l'emploi des fractions,
des nombres décimaux, du système métrique et des changements
usuels d'unités. Il ne craindra pas de faire apprécier, sur des
exemples, une limite supérieure de l'erreur commise dans les
calculs approchés les plus simples.

ALGÈBRE

Nombres positifs et négatifs.

Opérations. — Applications concrètes.

Monomes; polynomes.

Addition, soustraction, multiplication des monomes et
des polynomes.

Division des monomes.

Exercices sur les équations du premier degré à une ou
deux inconnues; inégalité du premier degré à une
inconnue.

Variation de l'expression $ax + b$; représentation
graphique.

Mouvement uniforme.

Représentation des variations de x^2 et $\dfrac{1}{x}$.

GÉOMÉTRIE

Du plan et de la droite dans l'espace.

Angle dièdre. Droites et plans parallèles. Droite et
plan perpendiculaires.

Définition du parallélépipède, du prisme, de la
pyramide.

Sections parallèles dans un prisme et une pyramide.

Cône et cylindre de révolution; sections parallèles à la
base.

Sphère ; grands cercles, petits cercles ; pôles.

Énoncé des règles relatives aux surfaces et volumes du prisme, de la pyramide, du cylindre, du cône et de la sphère.

DESSIN

[Programme commun aux classes de Seconde et Première A, B, C, D, de Philosophie et Mathématiques A et B.]

(2 heures.)

I. Dessins faits en classe :

a) Le modèle vivant vêtu, études d'ensemble et de détails ;

b) Dessin d'après la bosse : figures et monuments de l'antiquité, du Moyen-Age, de la Renaissance, des temps modernes, contemporains ;

c) Études d'après les dessins des grands maîtres (figures humaines et paysages) ;

d) Dessins et croquis perspectifs d'instruments de physique, d'organes de machines, de détails d'architecture ;

e) Dessins à la loupe et d'après le microscope ;

f) Dessins et croquis de paysages, sous la direction du professeur.

II. Arrangements décoratifs.

III. Dessins et croquis de mémoire.

IV. Dessins faits hors de la classe (crayon, pastel, aquarelle, etc.).

V. Modelage.

VI. Étude de reproductions d'œuvres d'art. Visite des musées et des monuments.

-----

(1) Voir la note qui accompagne le programme de Sixième A, p. 45.

CLASSE DE PREMIÈRE A

LANGUE FRANÇAISE

(Programme commun aux sections A, B, C.)

(4 heures.)

Explication et récitation d'auteurs français.

Les élèves seront habitués à faire des lectures complémentaires qui seront contrôlées en classe.

Compositions françaises.

Lectures et interrogations destinées à faire connaître les principaux écrivains français, du XVIIe siècle jusqu'à la fin de la première moitié du XIXe siècle.

AUTEURS [1]

Morceaux choisis de prosateurs et de poètes des XVIe, XVIIe, XVIIIe et XIXe siècles.

Montaigne. — Principaux chapitres et extraits.

Corneille. — Théâtre choisi.

Molière. — Théâtre choisi.

Racine. — Théâtre choisi.

La Fontaine. — *Fables*.

Boileau. — *Épîtres. Satires. Art poétique.* — Extraits des œuvres en prose.

Pascal. — *Pensées. Provinciales* (I, IV, XIII et extraits).

Bossuet. — *Oraisons funèbres.* — *Sermons choisis.* — Extraits de ses œuvres diverses.

---

[1] Le professeur choisira annuellement dans cette liste les auteurs qu'il fera expliquer en classe.

La Bruyère. — *Caractères.*

Fénelon. — *Lettre à l'Académie*; extraits des autres œuvres.

Lettres choisies du XVIIe et du XVIIIe siècle.

Montesquieu. — *Considérations sur les causes de la grandeur des Romains et de leur décadence.* — Extraits de l'*Esprit des lois* et des œuvres diverses.

Buffon. — Extraits (discours et vues générales).

Voltaire. — Extraits des œuvres historiques et des autres ouvrages en prose.

Diderot. — Extraits.

J.-J. Rousseau. — Morceaux choisis. — *Lettre à d'Alembert sur les spectacles.*

Lectures sur la société au XVIIIe siècle extraites des mémoires et des correspondances.

Chefs-d'œuvre poétiques de Lamartine et de Victor Hugo.

Choix des moralistes du XVIIe, du XVIIIe et du XIXe siècle.

Choix des principaux historiens du XIXe siècle.

LANGUE LATINE

[Programme commun aux sections A, B, C.]

(3 heures.)

Explication et récitation d'auteurs latins.

L'explication des textes sera le principal exercice de la classe.
Les élèves seront en outre engagés à faire des lectures supplémentaires qui seront contrôlées en classe.

Version latine.

Thème latin et composition latine.

Lectures et interrogations destinées à faire connaître les principaux écrivains latins.

Exercices complémentaires de latin (2 heures).

Voir le programme, page 116.

Cicéron. — Choix de lettres. — *Pro Milone.* — *Pro Murena.* — Extraits et analyses des principaux discours. — Extraits des œuvres morales et philosophiques. — Extraits des traités de rhétorique.
Conciones.
Tite-Live. — Un livre de la 3e décade.
Sénèque. — Extraits des lettres à Lucilius et des traités de morale.
Tacite. — *Annales.* — *Histoires.* — *Dialogue des orateurs.*
Théâtre latin : Extraits.
Lucrèce. — Extraits.
Virgile.
Horace. — *Satires* et *Épîtres.*
Anthologie des poètes latins (à l'exclusion des ouvrages compris dans les programmes).
Pages et pensées morales, extraites des auteurs latins.

LANGUE GRECQUE
(5 heures.)

Explication et récitation d'auteurs grecs.
Version grecque.
Thème grec.

Xénophon. — *Mémorables.*
Platon. — Extraits.
Démosthène. — *Les Philippiques;* le *Discours sur la couronne.*
Orateurs attiques : Extraits (Lysias, Isocrate, Eschine, Hypéride).
Homère. — *Iliade, Odyssée.*

Eschyle. — Extraits.
Sophocle. — Une tragédie.
Euripide. — Une tragédie.
Aristophane. — Extraits.
Anthologie des poètes grecs à l'exception des ouvrages
    compris dans les programmes.
Pages et pensées morales extraites des auteurs grecs.

LANGUES VIVANTES

[L'une des cinq langues suivantes : allemand, anglais, espagnol,
italien, russe.]

(2 heures.)

Voir le programme et les instructions, pages 183 et
190.

HISTOIRE et GÉOGRAPHIE

(5 heures.)

HISTOIRE ANCIENNE

[Programme commun aux sections A et B.]

1

Description de l'Italie. Anciennes populations. Les
    Étrusques ; tombeaux ; religion. Les Latins.
Rome primitive. Tradition sur les rois et sur les pre-
    miers temps de la République ; la lutte entre les
    ordres. Description sommaire des institutions.
La religion. Les dieux ; le culte ; les prêtres : culte du
    foyer et des morts.
L'armée romaine. Enrôlement, armement, camps,
    discipline ; le triomphe.
La conquête de l'Italie (1). Les voies romaines.

---

(1) Le professeur ne fera pas l'exposé des guerres.

II

La conquête du bassin de la Méditerranée. Caractères de
la politique et de la guerre : Macédoine, Carthage,
Espagne, Gaule méridionale.

Conséquences des conquêtes. Introduction de l'hellé-
nisme ; Scipion et Caton. — Transformation des
mœurs ; habitation, vêtement, repas, jeux. — Transformation dans la religion, la vie intellectuelle, la
morale. — Transformation sociale ; disparition de la
classe moyenne ; la clientèle. Noblesse : chevaliers ;
plèbe ; esclaves.

La vie politique. Les magistrats ; le cens ; une séance
du Sénat ; les assemblées et les élections.

Administration des provinces. Les peuples soumis ; les
proconsuls ; les publicains.

Les Gracques. Les lois agraires.

Marius et Sylla. Guerre sociale ; guerre civile ; pros-
criptions et loi de Sylla.

Pompée. Spartacus. Guerres en Orient. Catilina.

César. La conquête des Gaules.

Fin de la République. Caton d'Utique. Pharsale. Dicta-
ture de César. Le Triumvirat ; Actium.

III

Auguste. Organisation du gouvernement et du culte ;
l'apothéose. Administration des provinces. Les
colonies. Les armées des frontières. — Lettres et arts.
Monuments. Commerce.

Les Empereurs. La famille d'Auguste. Les prétoriens.
Révoltes et guerres. Les Flaviens, les Antonins. La
paix romaine.

L'Empire romain au IIIe siècle. Les Sévères. Anarchie ;
invasions. Dioclétien.

La civilisation romaine sous l'Empire. La vie romaine ; Pompéi. Les spectacles, les écoles, les mœurs. L'aristocratie. Les classes inférieures ; les esclaves, les associations.

Le droit romain. La famille ; la propriété ; la procédure.

Le christianisme. L'Église primitive ; les persécutions.

Constantin. Triomphe du christianisme ; organisation de l'Église.

Derniers temps de l'Empire. Julien. Suppression du paganisme. Nouvelle organisation de l'Empire. Rome et Constantinople ; la cour ; les fonctionnaires ; les curiales ; les colons. Les Barbares dans l'armée.

IV

Les Barbares. Les Germains ; mœurs et religions. Établissement des Germains dans l'Empire : Francs, Anglo-Saxons. Conversion au christianisme. Clovis.

La Gaule franque. La royauté mérovingienne. Les régions de la Gaule franque.

L'Église en Occident. La papauté. Grégoire le Grand.

Le rétablissement de l'Empire. Charlemagne. Le démembrement de l'Empire en royaumes. Otton Ier empereur.

Les Arabes. Mahomet ; le Coran ; l'Islam. L'Empire et la civilisation arabe.

L'Empire byzantin du Ve au Xe siècle. Les lois ; la religion ; l'art.

HISTOIRE MODERNE

[Programme commun aux sections A, B, C, D.]

I

La France sous le règne de Louis XV. La Régence. Les

parlements ; les affaires religieuses ; les difficultés
financières.

L'Angleterre au XVIIIe siècle (1). Formation du régime
parlementaire. La crise constitutionnelle (1760-1783).
La réaction tory.

L'Empire russe au XVIIIe siècle. Les réformes de
Pierre le Grand. Le gouvernement de Catherine II.

L'État prussien aux XVIIe et XVIIIe siècles. Le Grand-
Électeur. Frédéric-Guillaume Ier. Frédéric II.

L'État autrichien au XVIIIe siècle. La Pragmatique.
Marie-Thérèse. Les réformes de Joseph II.

La politique continentale de 1715 à 1763. Politique
de la France. Rivalité de la Prusse et de l'Autriche (2).
Rivalité de la France et de l'Angleterre.

La politique coloniale. — Le conflit en Amérique jusqu'à
1763 ; les compagnies de commerce aux Indes.
Formation de l'Empire britannique.

Soulèvement des colonies anglaises. Formation des
États-Unis jusqu'à 1787.

La politique orientale. Pologne et Turquie jusqu'à 1795.

Caractères généraux du XVIIIe siècle. La société française, les salons, les financiers. — Les lettres ; les
arts ; les sciences ; les idées philosophiques et
économiques. Le « despotisme éclairé ». L'administration des intendants.

II

Louis XVI. La crise financière.

La France en 1789. La cour ; le gouvernement ;

---

(1) Le professeur ne fera point l'histoire complète et suivie
des ministères.

(2) Le professeur ne fera point l'exposé de la guerre de succession d'Autriche ni de la guerre de Sept ans. Il choisira
quelques exemples d'actions militaires.

l'administration ; les finances ; la justice. L'état social.

La période monarchique de la Révolution. Les États Généraux et la Constituante. Abolition de l'ancien régime. Transformation de la société française par la Révolution. La Constitution de 1791. L'Assemblée législative ; résistance du roi ; formation du parti républicain ; la chute de la royauté.

La République. La Convention ; les partis ; les insurrections ; le gouvernement révolutionnaire ; la réaction après Thermidor. La Constitution de l'an III. L'œuvre de la Convention. — Le gouvernement du Directoire.

La lutte contre l'Europe de 1792 à 1802. Les conquêtes Les traités (¹).

Le Gouvernement consulaire et impérial. La Constitution de l'an VIII et ses transformations. Caractères du pouvoir impérial. Organisation intérieure. — Le Concordat et les Articles organiques ; lutte avec le pape.

La politique extérieure de Napoléon. La lutte contre l'Angleterre. Les guerres jusqu'au traité de Tilsitt ; Austerlitz ; Iéna ; Friedland. — Le blocus continental. — Les résistances nationales : Espagne ; Allemagne. Les réformes de la Prusse.

La fin de l'Empire. Guerre de Russie ; la coalition générale ; l'invasion. La première Restauration. Les Cent Jours ; Waterloo. — Les traités de Paris. Les remaniements territoriaux en Europe.

(¹) Pour les guerres de la Révolution et de l'Empire, le professeur choisira une ou deux campagnes qu'il étudiera avec quelques détails à titre d'exemple.

GÉOGRAPHIE

(Programme commun aux sections A, B, C, D.)

LA FRANCE

I

Constitution géologique. Le relief. Les climats. Le régime des eaux. Les côtes.

Formation de la nation française. Répartition de la population. Langues et religions.

II

Étude de la France par grandes régions naturelles. Traits caractéristiques du relief, du climat, du régime des eaux, de la géographie économique. Population et villes.

III

Régime administratif étudié particulièrement dans le département et dans la commune. Organisation militaire ; traits essentiels de la défense des frontières.

Géographie économique. Grands centres de production. Les moyens de communication.

IV

Les colonies. L'Algérie ; le protectorat de la Tunisie ; l'Afrique française ; Madagascar ; l'Indo-Chine ; les colonies du Pacifique ; les colonies d'Amérique.

La France dans le monde ; rapports avec les grands pays du globe.

MATHÉMATIQUES [1]
[Programme commun aux sections A et B.]
(2 heures, plus 2 heures facultatives.)

ALGÈBRE

Exercices sur les équations du premier degré à une ou plusieurs inconnues, et du second à une inconnue.

Variation du trinome du second degré ; représentation graphique. Mouvement uniformément varié.

Variation de l'expression $\dfrac{ax + b}{ax' + b}$; représentation graphique.

GÉOMÉTRIE

Mesure des angles ; degrés, grades, radians.

Triangles semblables. — Définition du sinus, du cosinus et de la tangente d'un angle compris entre 0 et 2 droits.

Sinusoïde.

Relations métriques dans le triangle et dans le cercle.

Résolution des triangles rectangles.

Mesure des aires planes.

Notions élémentaires sur la symétrie.

Exercices numériques sur les règles relatives aux surfaces et aux volumes du prisme, de la pyramide, du cylindre, du cône et de la sphère.

PROGRAMMES FACULTATIFS

Algèbre. — Notions de la dérivée; signification géométrique de la dérivée. Le signe de la dérivée indi-

---

[1] Voir la note qui précède le programme de Seconde A, p. 99.

que le sens de la variation ; applications à la varia-tion des fonctions $\dfrac{ax + b}{a'x + b'}$, $ax^2 + bx + c$.

Géométrie. — Homothétie et similitude dans le plan. Homothétie dans l'espace.

Notions sur les polygones réguliers.

Trièdres.

Trigonométrie. — Le programme sera le même que celui de la classe de Première C et D, moins ce qui concerne les problèmes de division des arcs.

Le professeur chargé d'un enseignement facultatif reste juge des développements qu'il croira pouvoir donner aux diverses parties du programme correspondant, suivant la force des élèves auxquels il s'adresse. Toutefois, il lui est recommandé de donner des notions sur toutes les parties de ce programme.

DESSIN (Facultatif)

(2 heures.)

Voir le programme de Seconde A, page 101.

CLASSE DE PHILOSOPHIE A

PHILOSOPHIE ET AUTEURS PHILOSOPHIQUES

[Programme commun aux sections A et B.]

(8 heures pendant un semestre, 9 heures pendant l'autre semestre.)

1° PHILOSOPHIE

N. B. L'ordre adopté dans le programme n'enchaîne pas la liberté du professeur ; il suffit que les questions indiquées soient toutes traitées.

INTRODUCTION.

Objet et divisions de la philosophie.

PSYCHOLOGIE.

Caractères propres des faits psychologiques. La conscience.

La vie intellectuelle.

Les données de la connaissance. — Sensations. —
Images. — Mémoire et association.

L'attention et la réflexion. — La formation des idées
abstraites et générales. — Le jugement et le raisonnement.

L'activité créatrice de l'esprit.

Les signes ; rapport du langage et de la pensée.

Les principes rationnels ; leur développement et leur
rôle.

Formation de l'idée de corps et perception du monde
extérieur.

La vie affective et active.

Le plaisir et la douleur. — Les émotions et les passions.
— La sympathie et l'imitation.

Les inclinations. — Les instincts. — L'habitude.

La volonté et le caractère. — La liberté.

Conclusion : Le physique et le moral. — L'automa-
tisme psychologique.—La personnalité : l'idée du *moi*.

NOTIONS SOMMAIRES D'ESTHÉTIQUE.

Notions sommaires sur le beau et sur l'art.

LOGIQUE.

Logique formelle : Les termes. — La proposition. —
Les diverses formes du raisonnement.

La science : Classification et hiérarchie des sciences.

Méthode des sciences mathématiques : Définitions. —
Axiomes et postulats. — Démonstration.

Méthode des sciences de la Nature : L'expérience : les
méthodes d'observation et d'expérimentation. —
L'hypothèse ; les théories. — Rôle de l'induction et
de la déduction dans les sciences de la Nature. — La
classification.

Méthode des sciences morales et sociales : Les procédés de
la psychologie. — Rapports de l'histoire et des sciences sociales.

MORALE.

Objet et caractère de la morale.

Les données de la conscience morale : Obligation et
sanction.

Les mobiles de la conduite et les fins de la vie humaine :
Le plaisir, le sentiment et la raison. — L'intérêt
personnel et l'intérêt général. — Le devoir et le bonheur. — La perfection individuelle et le progrès de
l'humanité.

Morale personnelle : Le sentiment de la responsabilité.
— La vertu et le vice. — La dignité personnelle et
l'autonomie morale.

Morale domestique : La constitution morale et le rôle
social de la famille. — L'autorité dans la famille.

Morale sociale : Le droit. — Justice et charité. — La
solidarité.

Les droits : Respect de la vie et la liberté individuelle.
— La propriété et le travail. — La liberté de penser.

Morale civique et politique : La Nation et la Loi. — La
Patrie. — L'État et ses fonctions. — La démocratie ;
l'égalité civile et politique.

N. B. — Le professeur insistera, tant à propos de la morale
personnelle que de la morale sociale, sur les dangers de l'alcoolisme et sur ses effets physiques, moraux et sociaux : dégradation
morale, affaiblissement de la race, misère, suicide, criminalité.

MÉTAPHYSIQUE

Valeur et limites de la connaissance.

Les problèmes de la philosophie première ; la Matière,
l'Âme et Dieu.

Rapports de la métaphysique avec la science et la morale.

2· AUTEURS PHILOSOPHIQUES

Le professeur choisira dans la liste suivante quatre textes qui seront commentés en classe et qui serviront de base à l'exposition des systèmes de philosophie auxquels ils se rattachent.

Textes prescrits par l'arrêté du 31 mai 1902 :

Xénophon : un livre des *Mémorables*.

Platon : *Phédon* ; *Gorgias* ; un livre de la *République*.

Aristote : un livre de la *Morale à Nicomaque* ; un livre de la *Politique*.

Épictète : *Manuel*.

Marc-Aurèle.

Lucrèce : *De Natura rerum*, livre II ou livre V.

Sénèque : Extraits des *Lettres à Lucilius* et des *Traités de morale*.

Bacon : *De la dignité et de l'accroissement des sciences*.

Descartes : *Discours de la Méthode* ; *Méditations* ; *Les Principes*, livre I.

Pascal : *Pensées* et opuscules.

Malebranche : *De la recherche de la vérité*, livre I ou II. — *Entretiens sur la métaphysique*.

Spinoza : *Éthique* (un livre).

Leibnitz : *Nouveaux essais*, avant-propos et livre I. — — *Théodicée* (Extraits). — *Monadologie*. — *Discours de métaphysique*.

Hume : *Traité de la nature humaine* (un livre).

Condillac : *Traité des sensations*, livre I.

Montesquieu : *Esprit des lois*, livre I.

J.-J. Rousseau : *Contrat social* (un livre).

Kant : *Fondement de la métaphysique des mœurs*. — *Prolégomènes*.

Jouffroy : Extraits.

A. Comte : *Cours de philosophie positive*, 1re et 2e leçons. — *Discours sur l'esprit positif*.

Cl. Bernard : *Introduction'à l'étude de la médecine ex-
   périmentale*, 1re partie.
Stuart Mill : *Logique*, livre VI. — *L'Utilitarisme*. — *La
   Liberté*.
Spencer : *Les premiers principes* (1re partie). — *Intro-
   duction à la science sociale*.

**Textes ajoutés aux précédents par l'arrêté du
31 juillet 1906 :**

Cicéron : *De Officiis*.
Locke : *Essai sur l'entendement humain*, livre I.
Cournot : *Matérialisme. Vitalisme. Rationalisme.*

GREC-LATIN (Facultatif).

(4 heures.)

CONFÉRENCES FACULTATIVES

(CLASSE DE PHILOSOPHIE ET VÉTÉRANCE)

LATIN

Les auteurs de la classe de Première.
Cicéron. — Extraits des Traités de rhétorique.
Lucain. — Extraits.

GREC

Les auteurs de la classe de Première.
Thucydide. — Extraits.
Aristote. — Extraits de la *Rhétorique* et de la *Poétique*.
Théocrite. — *Idylles* choisies.

LANGUES VIVANTES (Facultatif).

[L'une des cinq langues suivantes : allemand, anglais, espagnol, italien, russe.]

(2 heures.)

Voir le programme et les instructions, pages 183 et 196.

HISTOIRE ET GÉOGRAPHIE. (¹)

[Programme commun aux sections A et B et aux Mathématiques A et B]

(3 heures pendant un semestre, 4 heures pendant un semestre, dont 1 heure hebdomadaire pendant les deux semestres pour la géographie).

HISTOIRE

I

La Restauration en Europe. L'Europe après le Congrès de Vienne. Les monarchies absolues ; les congrès ; les interventions.

La Monarchie constitutionnelle en France (²). La Charte ; régime électoral ; presse ; budget. Luttes des partis. La révolution de 1830. Revision de la Charte. Gouvernement de Louis-Philippe ; les partis d'opposition ; formation des partis catholique et socialiste.

L'Angleterre jusqu'en 1848. La réforme de 1832 ; les agitations chartiste et irlandaise ; l'agitation libre-échangiste.

Le mouvement intellectuel en Europe pendant la pre-

---

(1) La géographie a été introduite dans les classes terminales du second cycle (Philosophie et Mathématiques) par arrêté du 28 juillet 1905 :

« Une trentaine de leçons (soit 1h. par semaine) suffisent pour cet enseignement. Quelques simplifications dans le programme d'histoire ont permis de ne pas ajouter plus d'une demi-heure à l'horaire » (*Circulaire du 28 juillet 1905*).

(2) Dans l'histoire parlementaire de la France et de l'Angleterre, le professeur ne fera pas l'histoire complète et suivie des ministères.

mière moitié du *XIXe siècle*. Les arts ; les lettres ; les
sciences.

II

La Révolution de 1848 et la Réaction. En France, en
Italie, en Allemagne, en Autriche.

Le second Empire. La Constitution de 1852 ; l'Empire
autoritaire ; l'Empire libéral.

Les Guerres nationales. Formation de l'unité italienne.
Formation de l'unité allemande ; la guerre de 1870.

La Question d'Orient. Désorganisation et démembrement de l'Empire ottoman ; formation des États chré-
tiens des Balkans. Guerre de Crimée. Guerre des
Balkans. Congrès de Berlin. Les États des Balkans
depuis 1878 ; l'Autriche puissance balkanique.

III

L'Église catholique. Pie IX ; le concile du Vatican.
Léon XIII.

La France de 1870 à 1889. La Constitution de 1875.
Principales réformes.

L'Empire allemand. La constitution. Les partis.
L'Alsace-Lorraine.

L'Autriche-Hongrie depuis 1860. Les luttes des nationalités.

L'Angleterre. Réformes démocratiques. L'Irlande.

L'Espagne. Les Révolutions.

La Belgique. Les partis ; le régime électoral.

La Suisse. L'État fédéral ; le gouvernement direct.

La Russie au XIXe siècle. La Pologne ; les réformes
d'Alexandre II ; l'abolition du servage.

*Le mouvement intellectuel dans la seconde moitié du
XIXe siècle*. Les arts ; les lettres ; les sciences.

IV

Transformation de l'industrie et du commerce. La vapeur ; l'électricité ; la grande industrie ; développement des relations internationales.

Les puissances européennes en Afrique. La conquête de l'Algérie. Le protectorat français en Tunisie. La question d'Égypte. Le partage de l'Afrique. Convention de Berlin. La lutte contre la traite.

Les puissances européennes en Asie. Asie russe ; Asie anglaise ; Asie française. — Extrême-Orient : le Japon ; la Chine.

L'Amérique. Formation des États de l'Amérique latine. Les États-Unis : organisation de l'État fédéral depuis 1787. Les partis. Agrandissement du territoire. Abolition de l'esclavage. La politique d'annexion.

V

Caractères généraux de la civilisation contemporaine. La paix armée. Les alliances. Importance des intérêts économiques. L'impérialisme.

Respect de la personnalité humaine : abolition de l'esclavage et du servage. Adoucissement de la législation pénale.

Liberté religieuse : suppression des religions d'État.

Les libertés politiques : le régime représentatif ; les principales formes de gouvernement.

Formation du régime démocratique : le droit de suffrage ; le suffrage universel ; l'instruction populaire ; le service militaire.

Les doctrines sociales et la législation ouvrière.

GÉOGRAPHIE

Ce programme, en harmonie avec le programme d'histoire, a pour but de faire bien connaître aux élèves l'état économique actuel des principales puissances du globe, étude qui suppose la connaissance de leurs conditions géographiques.

L'étendue du programme suffit à montrer qu'il ne s'agit pas d'entrer dans de trop grands détails, mais de bien faire saisir la physionomie des grandes régions géographiques dans ses relations avec le relief, le climat, l'hydrographie, les productions naturelles, etc.

Pour l'exposé de la géographie physique qui précédera naturellement toute considération économique, le professeur a toute liberté de grouper plusieurs États, par exemple d'exposer d'ensemble la géographie physique de l'Europe centrale, ou encore de réserver l'étude du Canada pour la joindre à celle des États-Unis.

LES PRINCIPALES PUISSANCES DU MONDE

Iles Britanniques. Géographie physique et économique. L'Empire britannique. (Pour l'Angleterre comme pour les autres puissances, on n'insistera que sur les grandes colonies.) L'Angleterre en Afrique. L'Inde anglaise. L'Australie et la Nouvelle-Zélande. Le Canada.

Belgique et Pays-Bas. Géographie physique et économique. Le Congo belge. Les Indes néerlandaises.

Allemagne. Géographie physique et économique. L'émigration. La colonisation allemande. Le commerce allemand dans le monde.

Suisse. Géographie physique et économique. Les percées alpines.

Autriche-Hongrie. Géographie physique et économique. Les nationalités.

Italie. Géographie physique et économique. L'émigration italienne.

Empire russe. Géographie physique et économique. Les dépendances de la Russie en Asie.

Chine et Japon. Géographie physique et économique.
L'émigration chinoise et japonaise.

États-Unis. Géographie physique et économique.
Accroissement de la population. Expansion des
États-Unis.

République Argentine et Brésil. Géographie physique et économique. Développement de la colonisation.

Les grandes voies de communication. Routes maritimes et terrestres. Chemins de fer. Grandes lignes
de navigation. Télégraphes.

MATHÉMATIQUES (Facultatives).

(2 heures.)

Fonctions d'une variable. — Représentation graphique
de la variation d'un phénomène qui dépend d'une
seule variable ; courbes des températures, des pressions ; application à la statistique. Notion de fonctions ; représentation graphique de fonctions très
simples :

$$y = ax, \qquad y = ax + b, \qquad y = x^2,$$

$$y = x^3, \qquad y = \frac{1}{x}.$$

Construction d'une droite définie par une équation
numérique du premier degré entre x, y ; pente ou
coefficient angulaire, ordonnée à l'origine. Coefficient angulaire de la droite qui joint deux points.

Usage du papier quadrillé. Résolution de deux équations numériques du premier degré à deux inconnues par l'intersection de deux droites.

Dérivées. — Dérivée d'une somme, d'un produit, d'un
quotient, de la racine carrée d'une fonction.

Variation des fonctions

$$\frac{ax^2 + bx + c}{a'x^2 + b'x + c'} \qquad \text{et} \qquad ax^3 + bx^2 + cx + d,$$

où les coefficients ont des valeurs numériques.

Vitesse dans le mouvement rectiligne varié.

Applications numériques nombreuses tirées de la géométrie et se rapportant aux aires (rectangle, parallélogramme, triangle, trapèze, cercle, cylindre droit, cône droit, zone, sphère) et aux volumes (parallélépipède, prisme, pyramide, cylindre, cône, sphère).

Ces applications numériques seront l'occasion d'une revision du système métrique et des règles de calcul des nombres entiers, des fractions ordinaires et des fractions décimales.

Géométrie. — Étude des propriétés élémentaires de l'ellipse, de l'hyperbole et de la parabole.

Trigonométrie. — Résolution des triangles ; applications numériques.

Le programme précédent étant facultatif et n'ayant pas de sanction, le professeur jouira de la plus grande liberté pour adapter son enseignement à la force et aux besoins de ses élèves. Il ne sera nullement tenu de traiter tout le programme et pourra — s'il n'a comme élèves que de futurs médecins sortant de Première A et B et n'ayant pas suivi la conférence facultative de mathématiques — se borner à « la revision du système métrique, et des règles de calcul des nombres entiers, des fractions ordinaires et des fractions décimales » avec de nombreuses applications.

COSMOGRAPHIE

(*1 heure.*)

Système de Copernic.

Le Soleil, ses dimensions, sa distance à la Terre.

Notions sommaires sur la constitution physique, la rotation, les taches du Soleil.

Notions sommaires sur les planètes.

La Terre. Forme et dimensions. Rotation, pôles, équateur, méridiens, parallèles. Longitude. Latitude.

La Lune. Mouvement. Constitution physique.

Comètes. Étoiles filantes. Bolides.

Étoiles. Nébuleuses. Voie lactée.

PHYSIQUE et CHIMIE

[Programme commun aux sections A et B.]

(5 heures.)

PHYSIQUE

PESANTEUR. — Poids des corps. — Direction commune aux poids de tous les corps en un lieu donné. — Centre de gravité. — Dynamomètre.

Comparaison des poids des corps en un lieu donné : balance.

Notion générale de la force. — Énoncé de la règle de composition de deux forces appliquées au même point, de la règle de composition de deux forces parallèles appliquées à un solide, et opération inverse.

Notion expérimentale du travail, de la puissance : exemples familiers et données numériques. — Conservation du travail.

Chute des corps dans le vide et dans l'air ; tube de Newton ; machine de Morin, ou toute autre permettant l'étude expérimentale directe de la *chute libre*.

Établissement des lois fondamentales de la dynamique au moyen de la machine d'Atwood ou du plan incliné ; application à la chute libre des corps. — Définition de la masse. — Intensité de la pesanteur.

Pendule (étude expérimentale) ; formule (sans démonstration). — Principe de la mesure de g. — Variation du poids d'un corps avec la latitude et avec l'altitude (expérience de Von Jolly) : la pesanteur est un cas particulier de l'attraction universelle. — Application du pendule aux horloges ; échappement.

ÉQUILIBRE DES LIQUIDES ET DES GAZ. — Force exercée sur une portion plane de paroi ; pression. (*On admettra comme faits d'expérience que la pression est normale à la paroi et que sa grandeur est indépendante de l'orientation de la paroi.*) Variation de la pression avec la profondeur. — Applications et exemples. — Pression atmosphérique. — Baromètre ; variation de la pression atmosphérique avec l'altitude. — Manomètres usuels.

Principe d'Archimède. — Corps flottants ; aérostats.

Poids spécifiques relatifs ou densités.

Compressibilité des gaz. (*On se bornera à l'approximation donnée par la loi de Mariotte.*) — Mélange des gaz. — Étude sommaire des pompes à gaz et à liquides.

CHALEUR. — Thermomètre à mercure ; détermination des points fixes. — Principe de la mesure des coefficients de dilatation ; applications. — Maximum de densité de l'eau.

Quantité de chaleur ; méthode des mélanges considérée comme permettant de mesurer des quantités de chaleur d'origine quelconque. — Définition de la chaleur spécifique.

Fusion et solidification. — Point de fusion. — Chaleur de fusion (simple définition).

Notions élémentaires sur la vaporisation des liquides ; maximum de pression d'une vapeur ; variation avec la température (représentation graphique). — Température critique ; continuité de l'état liquide et de

l'état gazeux. — Liquéfaction des gaz. — Ébullition.
— Chaleur de vaporisation (simple définition).

Vapeur d'eau dans l'atmosphère, point de rosée, sa
détermination. — Brouillards; nuages.

OPTIQUE. — Propagation rectiligne de la lumière dans
un milieu homogène. — Vitesse : résultats des
mesures.

Miroirs plans : lois de la réflexion. — Étude expérimentale des miroirs sphériques concaves.

Réfraction; existence de la réflexion totale; étude
expérimentale des lentilles. (*L'existence des images
et les propriétés des plans focaux seront considérées
comme données par l'expérience.*)

Loupe. Principes du microscope, de la lunette astronomique et de la lunette de Galilée.

Dispersion de la lumière; spectres des diverses sources
lumineuses; spectres d'absorption, spectre solaire;
couleur des corps.

Photographie.

ÉLECTRICITÉ ET MAGNÉTISME. — (*Dans l'étude de l'électricité, comme dans les autres parties du programme,
le professeur pourra suivre un ordre différent de
l'ordre indiqué et commencer, par exemple, par
l'étude du courant.*)

Électrisation; cylindre de Faraday; quantité d'électricité. (*On se contentera d'indiquer les unités pratiques.*)
Développement simultané des deux électricités.

Électrisation par influence. — Pouvoir des pointes;
paratonnerre. — Principe des machines électriques.
— Électrophore.

Notion expérimentale de la différence de potentiel
entre deux conducteurs.

Condensateurs ; capacité.

Courant électrique. — Intensité.

Aimants ; expérience de l'aimant brisé. — Définitions de la déclinaison et de l'inclinaison.

Définition expérimentale du champ magnétique ; expériences sur les spectres magnétiques ; champ magnétique d'un courant ; règle d'Ampère ; solénoïde ; galvanomètre à aimant mobile, ampèremètre.

Aimantation par les champs magnétiques. — Electro-aimant ; applications : télégraphe.

Action d'un champ magnétique sur un courant ; galvanomètre à cadre mobile. — Principe de la machine Gramme employée comme récepteur.

Piles hydroélectriques.

Lois d'Ohm.

Loi de Joule. — Éclairage électrique. — Four électrique.

Électrolyse. — Lois de Faraday. — Polarisation : accumulateurs. — Galvanoplastie.

Induction : expériences fondamentales.

Emploi de la machine Gramme comme générateur. — Corrélation des phénomènes d'induction et des phénomènes électromagnétiques. — Téléphone, microphone.

Énergie. — Diverses formes de l'énergie (mécanique, thermique, électrique, chimique, etc.) ; leurs transformations mutuelles. — Expériences de Joule : équivalent mécanique de la calorie. — Principe de la conservation de l'énergie. — Machines thermiques. — Enoncé du principe et du théorème de Carnot. — Idée de la dégradation de l'énergie.

Mouvements périodiques. — *Généralités.* — Méthode

graphique. (*On indiquera les applications de cette méthode à la physiologie.*) — Vibrations longitudinales et transversales. — Démonstration expérimentale de la propagation d'un mouvement vibratoire. — Longueur d'onde. — Existence des phénomènes d'interférence. — Réflexion des ondes. — Ondes stationnaires. — Nœuds et ventres.

Phénomènes périodiques en acoustique. — Le son est dû à un mouvement vibratoire. — Phonographe. — Vitesse du son. — Qualités physiologiques du son ; leur interprétation physique. — Sons musicaux. — Intervalles. — Harmoniques.

Étude sommaire des lois des vibrations transversales des cordes. — Étude sommaire des tuyaux sonores.

Phénomènes périodiques en optique. — Analogies de la lumière et du son. — Hypothèse des vibrations lumineuses. — Qualités physiologiques de la lumière ; leur interprétation physique. Radiations infra-rouges et ultra-violettes : étude sommaire.

Phénomènes périodiques en électricité. — Notions très élémentaires sur les propriétés des courants alternatifs : définition expérimentale de l'intensité efficace. — Transformateurs. — Principe de la bobine de Ruhmkorff. — Oscillations électriques. — Principe de la télégraphie sans fil.

Décharge à travers les gaz. — Rayons cathodiques. — Rayons X.

CHIMIE

Chimie minérale.

Eau pure ; analyse, synthèse.
Hydrogène.
Oxygène.

Air ; expériences de Lavoisier. — Azote.

Électrolyse du chlorure de sodium : chlore, sodium, soude caustique.

Acide chlorhydrique.

Ammoniaque.

Corps simples : métalloïdes, métaux. — Corps composés.

Principe de la conservation de la matière. — Loi des proportions définies. — Loi des volumes.

Symboles. — Notation atomique ; formules.

Soufre ; anhydride sulfureux ; acide sulfurique ; acide sulfhydrique.

Acide azotique.

Phosphore.

Carbone ; ses variétés principales ; anhydride carbonique ; oxyde de carbone.

Propriétés pratiques des métaux usuels et des alliages.

Chlorure de sodium. — Carbonate de sodium.

Chaux, plâtre.

Fer. — Cuivre et alliages.

Argent et or ; alliages monétaires.

Eaux naturelles.

Chimie organique.

Carbures d'hydrogène. — Méthane, pétroles. — Éthylène. — Acétylène. — Benzène.

Gaz de l'éclairage.

Alcool éthylique ; fermentation alcoolique.

Acide acétique ; vinaigre ; fermentation acétique.

Éthers-sels. — Corps gras ; acides gras.

Glycérine, bougies et savons.

Saccharose ; glucose.

SCIENCES NATURELLES

[Programme commun aux sections A et B
et aux classes de Mathématiques A et B.]

(2 heures.)

Conseils généraux. — Cet enseignement doit être donné de façon à initier les élèves à la méthode expérimentale et à développer chez eux l'esprit d'observation.

Les notions purement anatomiques et histologiques seront réduites au minimum.

Dans le développement du programme, le professeur pourra d'ailleurs suivre un ordre différent de l'ordre indiqué.

ANATOMIE ET PHYSIOLOGIE ANIMALES

I. INTRODUCTION.

Éléments constitutifs des animaux ; leur multiplication. — Notions sommaires sur les tissus ; leur groupement en organes.

II. ÉTUDE SPÉCIALE DES FONCTIONS CHEZ L'HOMME

FONCTIONS DE RELATION. — *Le squelette :* structure, composition chimique et accroissement des os: description sommaire des différentes parties du squelette ; articulations.

Les muscles : forme, structure, propriétés physiologiques ; analyse expérimentale de la contraction musculaire ; le myographe. — Chaleur et travail musculaires ; les sources de l'énergie musculaire.

Notions de mécanique animale.

Le système nerveux : anatomie sommaire des centres nerveux ; les nerfs et leur rôle ; fonctions des centres nerveux.

Les organes des sens : la peau et ses différentes fonctions ; l'odorat et le goût ; l'œil, la vision et l'accommodation ; les principales anomalies de la vision ; notions sommaires sur l'oreille.

FONCTIONS DE NUTRITION. — *La digestion :* les aliments ; étude sommaire de l'appareil digestif ; chimie de la digestion.

La circulation : sang, appareil circulatoire et mécanisme de la circulation. — Lymphe.

L'absorption.

La respiration : appareil respiratoire ; phénomènes mécaniques de la respiration ; échanges gazeux dans les poumons ; respiration des tissus. — La chaleur animale.

Notions sommaires sur le foie et les reins.

Réserves nutritives : glycogène et graisses.

III. PRINCIPAUX TYPES D'ORGANISATION DANS LE RÈGNE ANIMAL.

Le type protozoaire. — Montrer les perfectionnements progressifs des Métazoaires en prenant pour base l'étude d'un type commun des principaux groupes d'Invertébrés (polype, annélide et insecte).

Traits fondamentaux des Vertébrés. Modifications caractéristiques des appareils respiratoire, circulatoire, nerveux et adaptations des extrémités des membres chez les différentes classes des Vertébrés.

ANATOMIE ET PHYSIOLOGIE VÉGÉTALES

I. INTRODUCTION.

La cellule et les principaux tissus végétaux.

II. ÉTUDE SPÉCIALE DES FONCTIONS CHEZ LES PHANÉROGAMES.

Appareil végétatif. — Forme, structure et croissance de la racine, de la tige, et de la feuille. Principales adaptations au milieu.

Physiologie de la nutrition. — Les échanges gazeux chez les plantes : respiration, chlorophylle et assimilation chlorophyllienne, transpiration. — Les aliments de la plante ; sources de l'azote. — Nutrition des plantes vertes : absorption de l'eau et des sels minéraux, circulation de la sève brute, formation de la sève élaborée. Réserves nutritives. — Nutrition des plantes sans chlorophylle.

Reproduction (¹). — Fleur : enveloppes florales ; étamines, anthère, pollen ; carpelles, ovule. Fécondation et développement. Étude très sommaire du fruit. Graine et germination.

III. PRINCIPAUX TYPES D'ORGANISATION DANS LE RÈGNE VÉGÉTAL.

Algues et champignons, mousses ; cryptogames vasculaires : phanérogames. Comparaison des modes de reproduction chez les cryptogames et les phanérogames.

IV. CONCLUSION.

Phénomènes de la vie communs aux animaux et aux végétaux.

GÉOLOGIE

La terre. — Notions de la composition de l'écorce terrestre ; roches sédimentaires, roches éruptives, filons métalliques.

Des déformations de la croûte terrestre sous l'influence des agents physiques : formation des montagnes, creusement des vallées, modifications de la configuration des continents et des mers.

Les temps géologiques. — Preuves de l'immensité de

---

(1) L'étude de la reproduction pourra être commencée indifféremment par les phanérogames ou les cryptogames.

leur durée ; preuves de leur succession fournies par la stratigraphie et la paléontologie.

Idée de l'évolution générale des végétaux et des animaux.

HYGIÈNE (12 conférences d'une heure).

L'eau. — Conditions pour qu'une eau soit potable. — Contamination des eaux ; purification des eaux contaminées.

L'air. — Dangers de l'air confiné. — Renouvellement de l'air. — Ventilation. — Poussières et microbes contenus dans l'air.

Les aliments. — Dangers des aliments altérés. — Parasites introduits dans le corps humain par les aliments et les boissons ; vers parasites.

Les boissons alcooliques. — Boissons fermentées : cidre, bière, vin ; leur action physiologique. — Boissons distillées et boissons alcooliques additionnées d'essences ; graves effets pathogéniques de leur usage. — Alcoolisme ; comment on devient alcoolique ; déchéance de l'alcoolique et de sa descendance.

L'exercice. — Inconvénients du défaut ou de l'excès des exercices physiques.

Les maladies contagieuses. — Indication rapide des principales maladies transmissibles ou inoculables à l'homme et de leurs modes ordinaires de propagation.

Réceptivité et immunité. — Résistance de l'organisme. — Variole et vaccine ; la vaccination.

Inoculations préservatrices contre le charbon, la rage, la diphtérie. — Durée des périodes de préservation.

Animaux domestiques. — Maladies qu'ils peuvent transmettre à l'homme.

EXERCICES PRATIQUES

(Cinq ou six séances communes aux quatre sections de Philosophie
et de Mathématiques.)

CONSEILS SUR LES EXERCICES PRATIQUES.
EXEMPLES D'EXERCICES.

Sciences naturelles.

Les exercices pratiques des sciences naturelles n'exigent ordinairement pas un matériel compliqué. Toutefois, comme il paraît indispensable d'initier les élèves à
l'observation au moyen de la loupe et du microscope, il
sera facile d'alterner les opérations et de réaliser des
groupements d'élèves de manière à permettre à tous
d'utiliser les instruments, en nombre restreint, que renferment les laboratoires.

Quelques exemples montreront comment on peut
concevoir ces exercices, qui doivent donner à l'enseignement plus de force et de pénétration et appuyer
les développements donnés dans le cours sur des bases
solides.

A propos de la digestion ou de la germination, on
pourra faire exécuter des digestions artificielles, étudier, par exemple, l'action de quelques diastases, de la
salive, de l'orge germée, du suc gastrique, etc.

L'étude du sang peut fournir la matière d'un exercice : examen microscopique du sang frais ; dessin des
objets vus ; examen spectroscopique du sang ; action de
l'oxygène sur le sang ; examen de la circulation du sang
(têtards).

Propriétés des muscles étudiées chez la grenouille.

Étude de la contraction musculaire ; action des divers excitants.

Si l'établissement possède un cylindre enregistreur, on pourra initier les élèves à la méthode d'inscription graphique des phénomènes les plus simples.

Réalisation de quelques dissections sur des organes séparés ou sur des petits animaux : examen et dissection d'un cerveau de mouton durci à l'acide chromique, avec dessins ; examen, dissection et croquis de l'ensemble des organes chez une grenouille, un lézard, un poisson ; étude des mouvements réflexes, grenouille décapitée.

Examen, dissection de quelques graines préalablement gonflées : blé, ricin, haricot, gland ; germination, observation des diverses parties de la plante ; racine, tige hypocotylée, cotylédons.

Réaliser des expériences sur la fonction chlorophyllienne, sur la transpiration, etc.

Étudier la feuille ; séparer les diverses parties de la feuille par la dissociation. Épiderme, nervures, stomates.

Exercices de dissection sur différentes fleurs ; reconstituer le plan de la fleur, la disposition des organes, et compléter l'examen par les coupes transversales ; dessins.

Exercice de la loupe par l'observation d'organes très petits : fleurs de graminées, de cypéracées, examen des diverses espèces de mousses, etc.

Ces exercices pratiques devront être complétés par quelques excursions.

DESSIN (Facultatif.)

(2 heures.)

Voir le programme de Seconde A, page 101.

SECTION
LATIN-LANGUES VIVANTES

CLASSE DE SECONDE B

Programmes identiques à ceux de la classe de Seconde A, avec cette seule différence que l'étude du grec est remplacée par celle d'une seconde langue vivante.

Trois heures par semaine sont attribuées à la langue déjà apprise dans le premier cycle, quatre heures à la seconde langue.

CLASSE DE PREMIÈRE B

Programmes identiques à ceux de la classe de Première A, avec ces deux différences :

1° Les exercices complémentaires de latin sont facultatifs ;

2° L'étude du grec est remplacée par celle d'une

seconde langue vivante. Trois heures sont attribuées à la langue déjà apprise dans le premier cycle, quatre heures à la seconde langue.

CLASSE DE PHILOSOPHIE B

Programmes identiques à ceux de la classe de Philosophie A, avec cette seule différence que l'étude du grec est remplacée par l'étude obligatoire de deux langues vivantes.

Une heure est consacrée à l'une des langues (au choix de l'élève), deux heures à l'autre.

Deux heures sont attribuées au latin, dont l'étude est facultative comme dans la section A.

SECTION LATIN-SCIENCES

CLASSE DE SECONDE C

LANGUE FRANÇAISE

[Programme commun aux sections A, B, C.]
(*4 heures.*)

Voir le programme de Seconde A, page 89.

LANGUE LATINE

[Programme commun aux sections A, B, C.]
(*4 heures.*)

Voir le programme de Seconde A, page 90.

LANGUES VIVANTES

[L'une des cinq langues suivantes : allemand, anglais,
espagnol, italien, russe.]
(*2 heures.*)

Voir le programme et les instructions, pages 183 et
196.

HISTOIRE ET GÉOGRAPHIE

(*3 heures*)

HISTOIRE MODERNE

[Programme commun aux sections A, B, C, D.]

Voir le programme de la classe de Seconde A, page 94.

GÉOGRAPHIE

GÉOGRAPHIE GÉNÉRALE

[Programme commun aux sections A, B, C, D.]

Voir le programme de la classe de Seconde A, page 97.

MATHÉMATIQUES

[Programme commun aux sections C et D.]

(*4 heures 1/2.*)

ALGÈBRE

Opérations sur les nombres positifs ou négatifs.

Monomes ; polynomes ; termes semblables.

Opérations. — Addition, soustraction, multiplication des monomes et des polynomes.

Division des monomes.

Résolution des équations du premier degré à une inconnue. Inégalité du premier degré. Résolution et discussion de deux équations du premier degré à deux inconnues.

Problèmes ; mise en équation. Discussion des résultats.

Variation de l'expression $ax + b$; représentation graphique.

Équation du second degré à une inconnue (on ne fera pas la théorie des imaginaires). Relations entre les coefficients et les racines.

Existence et signe des racines. Étude du trinome du second degré.

Inégalité du second degré. Problèmes du second degré. Variation du trinome du second degré ; représentation graphique.

Variation de l'expression $\dfrac{ax + b}{a'x + b'}$, représentation graphique.

Progressions arithmétiques et progressions géométriques. Logarithmes.
Usage des tables de logarithmes à quatre ou cinq
   décimales.
Intérêts composés.

Nota. — Pour ce qui est des logarithmes, on se proposera
essentiellement de familiariser les élèves avec l'usage des tables.
   Les professeurs pourront donner des indications très sommaires sur la théorie déduite soit de l'étude des progressions,
soit de l'étude des exposants.

GÉOMÉTRIE (figures planes).

Ligne droite et plan. — Angles, sens d'un angle.
   Droites perpendiculaires.
Triangles. Triangle isocèle. Cas d'égalité des triangles.
Perpendiculaire et obliques. Triangles rectangles.
   Cas d'égalité.
Définition d'un lieu géométrique. Lieu géométrique des
   points équidistants de deux points ou de deux
   droites.
Droites parallèles.
Somme des angles d'un triangle, d'un polygone con-
   vexe.
Parallélogrammes.
Figures symétriques par rapport à un point ou à une
   droite. Deux figures planes symétriques sont égales.
Cercle. — Intersection d'une droite et d'un cercle.
Tangente au cercle ; les deux définitions de la tangente.
Arcs et cordes.
Positions relatives de deux cercles.
Mesure des angles.

Longueurs proportionnelles. — Points partageant un segment dans un rapport donné. Définition de la division harmonique.

Triangles semblables.

Toute parallèle à l'un des côtés d'un triangle divise les deux autres côtés en parties proportionnelles. Réciproque. Définition d'un faisceau harmonique.

Propriétés des bissectrices d'un triangle. Lieu géométrique des points dont le rapport des distances à deux points fixes est constant.

Notions simples sur l'homothétie. Polygones semblables. Sinus, cosinus, tangente et cotangente des angles compris entre 0 et 2 droits. Relations métriques dans un triangle rectangle et dans un triangle quelconque. Lignes proportionnelles dans le cercle. Quatrième proportionnelle; moyenne proportionnelle.

Polygones réguliers. Inscription dans le cercle du carré, de l'hexagone, du triangle équilatéral, du décagone. Deux polygones réguliers d'un même nombre de côtés sont semblables. Rapport de leurs périmètres. Longueur d'un arc de cercle. Rapport de la circonférence au diamètre. Calcul de π. (On se bornera à la méthode des périmètres.)

Aire des polygones; aire du cercle. — Mesure de l'aire du rectangle, du parallélogramme, du triangle, du trapèze, d'un polygone quelconque.

Rapport des aires de deux polygones semblables.

Aire d'un polygone régulier convexe. Aire d'un cercle, d'un secteur et d'un segment de cercle. Rapport des aires de deux cercles.

Notions d'arpentage. Usage de la chaîne et de l'équerre d'arpenteur.

PHYSIQUE et CHIMIE

[Programme commun aux sections C et D.]

(2 heures jusqu'au 15 février, 3 heures après cette date.)

PHYSIQUE

Divers états de la matière. — Exemples familiers de solides, de liquides et de gaz.

Notion expérimentale de la force, du travail et de la puissance ; exemples familiers et données numériques. — Unités usuelles de force, de travail et de puissance. — Conservation du travail : poulie, levier, plan incliné, treuil.

Énoncé, sans démonstration, des règles de composition des forces concourantes et parallèles.

Pesanteur. — Poids. — Direction commune aux poids de tous les corps en un lieu donné. — Centre de gravité. — Dynamomètre. — Balance.

Poids spécifiques des solides et des liquides (méthode du flacon).

Équilibre des liquides et des gaz. — Force exercée sur une portion de paroi ; pression (¹) ; unité usuelle de pression.

Principe de Pascal et variation de la pression avec la profondeur : applications et exemples.

Pression atmosphérique ; baromètre (²) normal et baromètre métallique.

Manomètre à air libre ; manomètre métallique ; instruments enregistreurs.

Principe d'Archimède ; application à la mesure des

---

(1) On admettra comme faits d'expérience que la pression est normale à la paroi et que sa grandeur est indépendante de l'orientation de la paroi.

(2) On donnera le principe des appareils sans entrer dans les détails de construction.

poids spécifiques. — Corps flottants : aréomètres à poids constant. — Aérostats.

Notions sommaires sur les pompes à gaz et à liquides [1].

Chaleur. — Température. — Thermomètre à mercure ; détermination des points fixes.

Notion de la quantité de chaleur ; mesure des quantités de chaleur d'origine quelconque : méthode des mélanges. — Chaleurs spécifiques [2].

Dilatation linéaire : principe de la méthode du comparateur.

Dilatation des liquides ; dilatation absolue du mercure [3]. — Existence du maximum de densité de l'eau. — Courbes de dilatation ; usage des coefficients de dilatation ; correction barométrique.

Compressibilité des gaz ; la loi de Mariotte donnée comme une première approximation. — Mélange des gaz.

Dilatation des gaz à pression constante et variation de pression à volume constant. — Relation

$$\frac{pv}{1+at} = \text{constante.}$$

Densité des gaz (simple définition).

Fusion : point de fusion ; chaleur de fusion.

Notions élémentaires sur la vaporisation des liquides et sur la liquéfaction des gaz ; existence d'une température critique [4].

Pression maximum des vapeurs, variation avec la température. — Ebullition. — Distillation. — Chaleur de vaporisation (simple définition).

---

(1) On ne décrira pas les appareils qui n'ont qu'un intérêt historique.

(2) On n'étudiera pas la chaleur spécifique des corps gazeux.

(3) On ne fera pas une description détaillée des appareils.

(4) Les développements sur la continuité de l'état gazeux et de l'état liquide trouveront leur place dans la classe de Mathématiques.

Vapeur d'eau dans l'atmosphère ; point de rosée ; sa détermination ; nuages et brouillards ; pluie, neige.

Conseils généraux. — Le professeur se contentera d'exposer les faits tels que nous les comprenons aujourd'hui, sans se préoccuper de l'ordre historique. On lui demande de débarrasser l'enseignement de beaucoup de vieilleries que la tradition y a conservées : appareils surannés, théories sans intérêt, calculs sans réalité. Il n'entrera point dans la description minutieuse des appareils ni des modes opératoires. Le but n'est pas de faire de nos élèves des physiciens de profession, mais de leur faire connaître les grandes lois de la Nature et de les mettre à même de se rendre compte de ce qui se passe autour d'eux ; dans cette vue, l'enseignement doit être à la fois très élevé, très simple et très pratique. Évitant les développements mathématiques, *il doit toujours être fondé sur des expériences.* Mais pour ses démonstrations expérimentales, le professeur emploiera le moins possible des appareils spéciaux ; il cherchera à les réaliser avec les moyens les plus simples et les plus à portée, s'attachant bien plus à l'esprit des méthodes qu'aux détails techniques d'exécution ; il utilisera fréquemment les représentations graphiques, non seulement pour mieux montrer aux élèves l'allure des phénomènes, mais pour faire pénétrer dans leur esprit les idées si importantes de fonction et de continuité ; enfin, par des applications numériques toujours empruntées à la réalité et réduites aux formes les plus simples, il habituera les élèves à se rendre compte de l'ordre de grandeur des phénomènes et à discerner dans quelles limites de précision une même correction peut être nécessaire ou absurde.

CHIMIE

Eau, composition. — Hydrogène. — Oxygène.

Air : expériences de Lavoisier. — Azote.

Électrolyse du chlorure de sodium : chlore, sodium, soude caustique, chlorures décolorants.

Acide chlorhydrique.

Analyse, synthèse. — Mélange, combinaison.

Corps simples : métalloïdes, métaux. — Corps composés.

Principe de la conservation de la matière. — Loi des proportions définies.

Symboles. Notation atomique. Formules. — Nomenclature.

Soufre. — Anhydride sulfureux ; anhydride et acide
    sulfuriques. — Acide sulfhydrique.

Acide azotique. — Énumération des oxydes de l'azote:
    loi des proportions multiples.

Ammoniaque.

Loi des volumes.

Acide phosphorique, phosphore.

Charbons, carbone. — Anhydride carbonique et oxyde
    de carbone.

Silice.

EXERCICES PRATIQUES
(2 heures.)

Voir les conseils sur les exercices pratiques au programme de Mathématiques A, page 172.

DESSIN

Dessin géométrique (1).

[Programme commun aux sections C et D.]

(9 heures.)

Emploi des instruments pour le tracé de lignes droites
    et de cercles (règle, compas, équerre, rapporteur).

Exécution, avec les instruments, de constructions expli-
    quées dans le cours de géométrie.

Dessins géométriques. — Carrelages. — Parquetages. —
    Mosaïques.

Lavis à l'encre de Chine et à la couleur de quelques-
    uns de ces dessins.

Croquis à main levée avec cotes d'objets usuels.

---

(1) Chaque fois que ce sera possible, on confiera l'enseignement du dessin géométrique dans le second cycle au professeur
de mathématiques de la classe.

Dessin d'imitation.

(2 heures.)
Voir le programme de Seconde A, page 101.

———

CLASSE DE PREMIÈRE C

———

LANGUE FRANÇAISE

(Programme commun aux sections A, B, C.)

(4 heures.)

Voir le programme de Première A, page 102

LANGUE LATINE

(Programme commun aux sections A, B, C.)

(3 heures.)

Voir le programme de Première A, page 103.

LANGUES VIVANTES

(L'une des cinq langues suivantes : allemand, anglais, espagnol, italien, russe.)

(2 heures.)

Voir le programme et les instructions, pages 183 et 190.

HISTOIRE ET GÉOGRAPHIE

(3 heures.)

HISTOIRE MODERNE

[Programme commun aux sections A, B, C, D.]

Voir le programme de Première A, page 107.

GÉOGRAPHIE

[Programme commun aux sections A, B, C, D.]

LA FRANCE

Voir le programme de Première A, page 110.

MATHÉMATIQUES

[Programme commun aux sections C et D.]

(5 heures.)

GÉOMÉTRIE

Plan et ligne droite.

Détermination d'un plan.

Parallélisme des droites et des plans.

Droite et plan perpendiculaires.

Propriétés de la perpendiculaire et des obliques menées d'un même point à un plan.

Angle dièdre. Sens. Angle plan correspondant à un angle dièdre.

Plans perpendiculaires entre eux.

Projection d'une aire plane.

Symétrie par rapport à une droite. Symétrie par rapport à un point. Symétrie par rapport à un plan. Ce second mode de symétrie se ramène au premier.

Angles trièdres. — Disposition des éléments. Trièdres symétriques. Chaque face d'un trièdre est moindre que la somme des deux autres. Limites de la somme

des faces d'un trièdre. Limites de la somme des faces
d'un angle polyèdre convexe.

Trièdres supplémentaires. Applications.

Cas d'égalité des trièdres.

Homothétie. — Sections planes parallèles d'angles polyèdres. Aires.

Polyèdres. — Polyèdres homothétiques. Prisme. Pyramide.

Volumes des parallélépipèdes et des prismes. Volume
de la pyramide.

Volume du tronc de pyramide à bases parallèles.
Volume du tronc de prisme triangulaire.

Rapport des volumes de deux polyèdres homothétiques.

Deux polyèdres symétriques sont équivalents.

Cylindre à base circulaire. Plan tangent.

Cône à base circulaire. Plan tangent. Sections parallèles
à la base.

Surfaces de révolution simples : cylindre, cône.

Sphère. Sections planes. Pôles. Plan tangent. Cône et
cylindre circonscrits.

Surface latérale du cylindre et du cône de révolution.

Volume du cylindre et du cône à base circulaire.

Aire de la zone. Aire de la sphère. Volume de la sphère.

GÉOMÉTRIE DESCRIPTIVE

Projection et cote d'un point.

Représentation de la droite. Pente. Distance de deux
points. Droites concourantes. Droites parallèles.

Représentation du plan. Échelle de pente. Plans parallèles.

Rabattement sur un plan horizontal. Angle de deux
droites. Distance d'un point à une droite.

Intersections de droites et de plans.

Droites et plans perpendiculaires. Distance d'un point à un plan.

Angle d'une droite et d'un plan. Angle de deux plans.

Représentation du point, de la droite et du plan à l'aide de deux plans de projection.

Intersections de droites et de plans. Droites et plans parallèles.

Droites et plans perpendiculaires.

Rabattement d'un plan sur un plan horizontal.

Changement du plan vertical.

Reprendre les problèmes précédemment énoncés relatifs aux distances, angles.

TRIGONOMÉTRIE

Fonctions circulaires (sinus, cosinus, tangente et cotangente). Relations entre les fonctions circulaires d'un même arc. Calcul des fonctions circulaires de quelques arcs : $\frac{\pi}{4}$, $\frac{\pi}{3}$, etc.

Théorie des projections.

Formules d'addition pour le sinus, le cosinus et la tangente.

Expressions de $\sin 2a$, $\cos 2a$, $\operatorname{tg} 2a$.

Toutes les fonctions circulaires de l'arc a s'expriment rationnellement en fonction de $\operatorname{tg} \frac{a}{2}$.

Connaissant $\cos a = b$, trouver les valeurs du sin et du cos des arcs $\frac{a}{2}$; choix des valeurs correspondantes à un arc a donné.

Connaissant $\operatorname{tg} a$, trouver les valeurs des tg des arcs $\frac{a}{2}$; choix de la valeur correspondante à un arc a donné.

Transformer en produit la somme ou la différence de deux fonctions circulaires, sinus, cosinus ou tangentes.

Problème inverse.

Usage des tables de logarithmes à quatre ou à cinq décimales.

Résolution des triangles rectangles.

Résolution ou discussion de quelques équations trigonométriques simples.

Relations entre les côtés et les angles d'un triangle.

(On ne s'occupera pas de l'équivalence des systèmes.)

ALGÈBRE

Équation et trinome du second degré. Exemples numériques où la variable peut être une ligne trigonométrique.

Notion de la dérivée ; signification géométrique de la dérivée. Le signe de la dérivée indique le sens de la variation ; applications à la variation des fonctions $\frac{ax+b}{a'x+b'}$, ax^2+bx+c, $ax+b+\frac{c}{x}$, et à la variation de la fonction ax^3+bx^2+cx+d, où les coefficients sont numériques.

Étude d'un mouvement rectiligne uniforme ou uniformément varié.

Définition de la vitesse et de l'accélération dans un mouvement rectiligne par les dérivées.

PHYSIQUE et CHIMIE

[Programme commun aux sections C et D.]

(3 heures.)

PHYSIQUE

Optique. — Corps lumineux et non lumineux ; corps opaques, transparents, translucides.

Propagation rectiligne de la lumière ; ombres. — Vitesse : principe de la méthode de la roue dentée ; résultats des mesures.

Comparaison expérimentale des intensités de deux sources lumineuses.

Miroir plan : lois de la réflexion. — Miroirs sphériques : marche des rayons ; images réelles et images virtuelles ; formules des miroirs.

Lois de la réfraction ; réflexion totale. — Lames à faces parallèles.

Prisme : formules du prisme, étude de la déviation.

Lentilles : marche des rayons, images ; formules des lentilles [1] ; convergence, dioptrie.

Loupe. — Principes du microscope, de la lunette astronomique et de la lunette de Galilée.

Photographie.

Électricité et magnétisme [2]. — Électrisation ; cylindre de Faraday ; quantité d'électricité [3] ; développement simultané des deux électricités.

Étude expérimentale de la distribution ; pouvoir des pointes ; paratonnerre.

---

[1] Le professeur suivra la marche qu'il jugera la meilleure pour l'établissement de ces formules (prisme, dioptre, etc.).

[2] Dans l'étude de l'électricité, comme dans les autres parties du programme, le professeur pourra suivre un ordre différent de l'ordre indiqué, et commencer, par exemple, par l'étude du courant.

[3] On n'emploiera que les unités pratiques.

Notion du champ électrique; le champ est nul à l'intérieur d'un conducteur; électrisation par influence; écrans électriques; principe des machines à influence.

Notion de la différence de potentiel entre deux conducteurs. — Expression de l'énergie électrique d'un conducteur (¹).

Condensateur; capacité; rôle du diélectrique.

Courant électrique; intensité.

Résistance; loi d'Ohm; courants dérivés. — Loi de Joule.

Électrolyse, loi de Faraday. — Définition pratique de l'ampère. — Polarisation; piles à liquides; accumulateurs.

Aimants permanents, pôles, expérience de l'aimant brisé.

Champ magnétique; définition expérimentale; expériences sur les spectres magnétiques. — Champ terrestre; boussole de déclinaison.

Champ magnétique d'un courant; règle d'Ampère; solénoïde; galvanomètre à aimant mobile.

Action d'un champ magnétique sur un courant. — Galvanomètre à cadre mobile.

Aimantation par les champs magnétiques. — Saturation. — Flux magnétique.

Force électromotrice d'induction : loi fondamentale.

Applications de l'électricité. — Applications diverses de l'électro-aimant; télégraphe; téléphone. — Machine Gramme (récepteur et générateur). — Transport de l'énergie. — Éclairage électrique. — Four électrique. — Principales applications de l'électrolyse.

---

(1) On se bornera à indiquer la formule sans l'établir.

Chimie des métaux (1).

Propriétés pratiques des métaux et des alliages.

Chlorure, sulfate et carbonate de sodium.

Calcaires, chaux, plâtre.

Fer, fontes, aciers. — Sulfate ferreux.

Zinc, sulfate de zinc.

Plomb, minium, céruse.

Aluminium, alumine, sulfate d'aluminium, aluns ; isomorphisme.

Argile, kaolin, porcelaine.

Cuivre et alliages, sulfate de cuivre.

Mercure, chlorures de mercure.

Argent et or, alliages monétaires.

Eaux naturelles.

Chimie organique.

Substances organiques ; substances organisées.

Éléments qui entrent dans une substance organique.

Carbures d'hydrogène. — Méthane, pétroles. — Éthylène. — Acétylène. — Gaz de l'éclairage. — Benzène.

Alcool éthylique ; fermentation alcoolique.

Acide acétique ; distillation du bois ; vinaigre, fermentation acétique.

Corps gras, glycérine, bougies et savons.

Saccharose, glucose, amidon, cellulose.

EXERCICES PRATIQUES
(2 heures.)

Voir les conseils sur les exercices pratiques à la p. 172.

DESSIN
Dessin géométrique (2).
[Programme commun aux sections C et D.]
(2 heures.)

Relevé avec cotes et représentation géométrale, en trait,

---

(1) On devra se contenter d'exposer les réactions utilisées en métallurgie sans trop détailler les appareils industriels.

(2) Voir la note de la page 146.

à une échelle déterminée, de solides géométriques et
d'objets très simples.

Ombres usuelles et pratique raisonné de lavis.

Relevé avec cotes et représentation géométrale, à une
échelle déterminée, d'organes de machines les plus
simples (quelques-uns de ces dessins seront lavés.)

Croquis à main levée avec cotes d'objets usuels.

Dessin d'imitation.

(2 heures.)

Voir le programme de Seconde A, page 101.

CLASSE DE MATHÉMATIQUES A

PHILOSOPHIE

[Programme commun aux sections A et B.]

(3 heures.)

I. — Éléments de philosophie scientifique.

Introduction : La connaissance vulgaire et la connaissance scientifique.

La science : Classification et hiérarchie des sciences. —
Méthode des sciences mathématiques : Définitions. —
Axiomes et postulats. — Démonstration.

Méthode des sciences de la Nature : L'expérience : les
méthodes d'observation et d'expérimentation. —
L'hypothèse ; les théories. — Rôle de l'induction et

de la déduction dans les sciences de la Nature. — La classification.

Méthode des sciences morales et sociales : Les procédés de la psychologie. — Rapports de l'histoire et des sciences sociales.

II. — Éléments de philosophie morale.

Les conditions psychologiques de la vie morale.

Objet et caractère de la morale.

Les données de la conscience morale : Obligation et sanction.

Les mobiles de la conduite et les fins de la vie humaine : Le plaisir, le sentiment et la raison. — L'intérêt personnel et l'intérêt général. — Le devoir et le bonheur. — La perfection individuelle et le progrès de l'humanité.

Morale personnelle : Le sentiment de la responsabilité. — La vertu et le vice. — La dignité personnelle et l'autonomie morale.

Morale domestique : La constitution morale et le rôle social de la famille. — L'autorité dans la famille.

Morale sociale : Le droit. — Justice et charité. — La solidarité.

Les droits : Respect de la vie et de la liberté individuelle. — La propriété et le travail. — La liberté de penser.

Morale civique et politique : La Nation et la Loi. — La Patrie. — L'État et ses fonctions. — La démocratie : l'égalité civile et politique.

N. B. — Le professeur insistera, tant à propos de la morale personnelle que de la morale sociale, sur les dangers de l'alcoolisme et sur ses effets physiques, moraux et sociaux : dégradation morale, affaiblissement de la race, misère, suicide, criminalité.

LANGUES VIVANTES (*2 heures*)

[L'une des cinq langues suivantes : allemand, anglais, espagno',
italien, russe.]

Voir le programme et les instructions, p. 183 et 196.

HISTOIRE ET GÉOGRAPHIE

[Programme commun aux sections A et B et aux classes
de Phi'osophie A et B.]

*(8 heures pendant un semestre, 4 heures pendant un semestre, dont
1 heure hebdomadaire pendant les deux semestres pour la géographie).*

Voir le programme de Philosophie A, p. 117 et 120.

MATHÉMATIQUES (*8 heures*) (¹)

[Programme commun aux sections A et B.]

ARITHMÉTIQUE

Numération décimale.

Addition, soustraction, multiplication et division des
nombres entiers. Théorèmes fondamentaux concernant ces opérations. Explication des règles pratiques
pour effectuer les opérations.

On ne change pas le reste d'une somme, d'une différence, d'un produit, en augmentant ou en diminuant
un terme ou un facteur d'un multiple du diviseur.

Restes de la division d'un nombre entier par 2, 5, 4,
25, 8, 125, 9, 3, 11. Caractères de divisibilité par
chacun de ces nombres.

Plus grand commun diviseur de deux ou plusieurs
nombres. Nombres premiers entre eux.

Tout nombre qui divise un produit de deux facteurs et
qui est premier à l'un de ces facteurs divise l'autre.

(¹) Observation importante : Consulter la note précédée d'un
astérisque de la page 12. — Le cours doit commencer par la
Cinématique : voir la circulaire du 23 mars 1906, p. 215.

Plus petit commun multiple de deux ou plusieurs nombres.

Définition et propriétés élémentaires des nombres premiers. Décomposition d'un nombre entier en un produit de facteurs premiers. Cette décomposition ne peut s'effectuer que d'une seule façon. Composition du plus grand commun diviseur et du plus petit commun multiple de deux ou plusieurs nombres décomposés en facteurs premiers.

Fractions ordinaires. — Réduction d'une fraction à sa plus simple expression. Réduction de plusieurs fractions au même dénominateur. Plus petit dénominateur commun. Opérations sur les fractions ordinaires.

Nombres décimaux. Opérations (en considérant les fractions décimales comme cas particulier des fractions ordinaires). Calcul d'un quotient à une approximation décimale donnée.

Réduction d'une fraction ordinaire en fraction décimale ; condition de possibilité. Lorsque la réduction est impossible, la fraction ordinaire peut être regardée comme la limite d'une fraction décimale périodique illimitée.

Carré d'un nombre entier ou fractionnaire ; composition du carré de la somme de deux nombres. Le carré d'une fraction n'est jamais égal à un nombre entier. Définition et extraction de la racine carrée d'un nombre entier ou fractionnaire à une approximation décimale donnée.

Système métrique. Exercices.

Rapport de deux nombres. Rapports égaux. Partage en parties proportionnelles.

Mesure des grandeurs. Définition du rapport de deux grandeurs de même espèce. Théorème : le rapport de deux grandeurs de même espèce est égal au quotient des nombres qui les mesurent.

Grandeurs directement ou inversement proportionnelles. Problèmes.

Définition de l'erreur absolue et de l'erreur relative. Détermination de la limite supérieure de l'erreur commise sur une somme, une différence, un produit, un quotient, connaissant les limites supérieures des erreurs dont les données sont entachées.

ALGÈBRE

Nombres positifs et négatifs. Opérations sur ces nombres.

Monomes, polynomes; addition, soustraction, multiplication et division des monomes et des polynomes.

Principes relatifs à la résolution des équations.

Équations du premier degré.

Équation du second degré à une inconnue. (On ne développera pas la théorie des imaginaires). Équations simples qui s'y ramènent.

Inégalités du premier et du second degré.

Problèmes du premier et du second degré.

Progressions arithmétiques et progressions géométriques. Somme des carrés et des cubes des n premiers nombres entiers.

Logarithmes vulgaires. Usage des tables à cinq décimales.

Intérêts composés et annuités.

Coordonnées d'un point. Représentation d'une droite par une équation du premier degré. Coefficient angulaire d'une droite.

Construction d'une droite donnée par son équation.

Variations et représentations graphiques des fonctions :

$$y = ax + b; \qquad y = \frac{ax + b}{a'x + b'}; \qquad y = ax^2 + bx + c;$$

$$y = ax^4 + bx^2 + c.$$

Dérivée d'une somme, d'un produit, d'un quotient, de la racine carrée d'une fonction, de $\sin x$, $\cos x$, $\operatorname{tg} x$, $\operatorname{cotg} x$.

Application à l'étude de la variation, à la recherche des maxima ou des minima de quelques fonctions simples, en particulier des fonctions de la forme

$$\frac{ax^2 + bx + c}{a'x^2 + b'x + c'}; \qquad x^3 + px + q,$$

où les coefficients ont des valeurs numériques.

Dérivée de l'aire d'une courbe regardée comme fonction de l'abscisse. (On admettra la notion d'aire.)

[Le professeur laissera de côté toutes les questions subtiles que soulève une exposition rigoureuse de la théorie des dérivées ; il aura surtout en vue les applications et ne craindra pas de faire appel à l'intuition.]

TRIGONOMÉTRIE

Fonctions circulaires. Addition et soustraction des arcs. Multiplication et division par 2.

Résolution des triangles.

Applications de la trigonométrie aux diverses questions relatives au levé des plans.

(On ne parlera pas de la construction des tables trigonométriques.)

GÉOMÉTRIE

Droite. Angles. Parallélisme. Polygones. Cercle.

Plan ; droites et plans. Angles dièdres ; angles polyèdres. Translation. Rotation. Symétries.

Homothétie et similitude. Relations métriques. Polygones réguliers.

Prisme, pyramide, cylindre, cône, sphère.

Aires et volumes.

Puissance d'un point par rapport à un cercle et par rapport à une sphère. Axes radicaux. Plans radicaux.

Polaire d'un point par rapport à un cercle; plan polaire d'un point par rapport à une sphère.

Inversion. Applications. Appareil de Peaucellier. Projection stéréographique.

Vecteurs. — Projection d'un vecteur sur un axe; moment linéaire par rapport à un point; moment par rapport à un axe.

Somme géométrique d'un système de vecteurs; moment résultant par rapport à un point; somme de moments par rapport à un axe.

Application à un couple de vecteurs.

Projections centrales. — Plan du tableau. Perspective d'un point, d'une droite, d'une ligne. Point de fuite d'une droite. Perspective de deux droites parallèles. Ligne de fuite d'un plan. Conception de la droite à l'infini d'un plan.

CONIQUES

Ellipse. — Tracé; tangente; problèmes simples sur les tangentes. Équation de l'ellipse rapportée à ses axes. Ellipse considérée comme projection du cercle; problèmes simples sur les tangentes; intersection de l'ellipse et d'une droite.

Hyperbole. — Tracé, tangente; asymptotes; problèmes simples sur les tangentes. Équation de l'hyperbole rapportée à ses axes.

Parabole. — Tracé, tangente ; problèmes simples sur
les tangentes. Équation de la parabole rapportée à
son axe et à la tangente au sommet.
Définition commune de ces courbes au moyen d'un
foyer et d'une directrice.
Sections planes d'un cône ou d'un cylindre de révolution.

GÉOMÉTRIE DESCRIPTIVE

Rabattements. Changement d'un plan de projection ;
rotation autour d'un axe perpendiculaire à un plan
de projection.
Application aux distances et aux angles ; distance de
deux points, d'un point à une droite, d'un point à un
plan ; plus courte distance de deux droites, dont l'une
est verticale ou de bout ou de deux droites parallèles
à un même plan de projection ; perpendiculaire commune à ces droites. Angle de deux droites ; angle
d'une droite et d'un plan ; angle de deux plans.
Projection du cercle. Sphère ; section plane, intersection avec une droite. Cône et cylindre à directrice
circulaire ; plan tangent passant par un point ou
parallèle à une droite ; ombres ; contours apparents ;
sections planes. Cônes et cylindres circonscrits à la
sphère. Ombres.
Représentation d'une surface par des courbes de niveau.
Cote d'un point de la surface dont la projection horizontale est donnée. Pente d'une ligne tracée sur une
surface. Lignes d'égale pente. Lignes de plus grande
pente.
Application des considérations précédentes aux cartes
topographiques.
Planimétrie et nivellement. Lignes et teintes conven-
tionnelles. Lecture d'une carte et en particulier de

la carte d'État-major. Usage de la carte sur le terrain.

CINÉMATIQUE

Unités de longueur et de temps.

Du mouvement. Sa relativité. Trajectoire d'un point
Exemples de mouvement.

Mouvement rectiligne : Mouvement uniforme; vitesse, sa représentation par un vecteur. Mouvement varié ; vitesse moyenne; vitesse à un instant donné, sa représentation par un vecteur; accélération moyenne; accélération à un instant donné, sa représentation par un vecteur. Mouvement uniformément varié.

Mouvement curviligne. Vitesse moyenne, vitesse à un instant donné définies comme vecteurs. Valeur algébrique de la vitesse. Hodographe. Accélération.

Mouvement circulaire uniforme, vitesse angulaire; projection sur un diamètre, mouvement oscillatoire simple sur une droite.

Changement du système de comparaison. Composition des vitesses.

Exemples et applications (ne pas insister sur les applications purement géométriques).

Mouvement de translation d'un corps solide. Glissières rectilignes.

Mouvement de rotation d'un corps solide autour d'un axe. Arbres et coussinets. Pivots et crapaudines. Gonds et charnières.

Étude géométrique de l'hélice. Mouvement hélicoïdal d'un corps. Vis et écrou.

Transformations simples de mouvement étudiées au point de vue pratique: courroies de transmission, roues dentées, bielles et manivelles. (On n'étudiera pas le détail des mécanismes.)

DYNAMIQUE ET STATIQUE

Point matériel. — Inertie. Force : sa représentation par un vecteur. Masse. Indépendance des effets des forces. Composition des forces.

Équilibre d'un point matériel libre. Équilibre d'un point matériel sur une courbe ou sur une surface. Équilibre d'un point matériel sur un plan quand on tient compte du frottement.

Mouvement d'un point pesant libre suivant une verticale.

Mouvement parabolique d'un point pesant.

Frottement de glissement. Mouvement d'un point pesant sur la ligne de plus grande pente d'un plan, avec ou sans frottement.

Travail d'une force appliquée à un point matériel. Unité de travail.

Travail d'une force constante, d'une force variable. Travail élémentaire.

Travail total. Évaluation graphique. Travail de la résultante de plusieurs forces. Théorème des forces vives pour un point matériel. Exemples simples.

Forces appliquées à un corps solide. — Forces parallèles. Centre des forces parallèles. Centre de gravité. Sa recherche dans quelques cas simples : triangle, trapèze, quadrilatère, prisme, pyramide.

Couples, composition des couples.

Réduction des forces appliquées à un solide à deux forces ou à une force et à un couple.

Conditions d'équilibre d'un corps solide. Cas de trois forces, de forces parallèles, de forces situées dans un même plan.

Équilibre d'un corps mobile autour d'un axe fixe, d'un

point fixe ou bien assujetti à reposer sur un plan fixe.

Machines simples à l'état de repos et à l'état de mouvement. — Levier. Charge du point d'appui. Treuil. Poulie fixe et poulie mobile.

Mouffles, cric, plan incliné.

On vérifiera que si une machine simple est en mouvement, les conditions d'équilibre étant remplies à chaque instant, le travail élémentaire de la puissance est égal et de signe contraire à celui de la résistance.

Énoncé du théorème général des forces vives. Application aux machines.

Travail moteur et travail résistant.

Résistances passives. Frottement.

Travail des résistances passives. Rendement d'une machine.

Indications sur l'emploi des volants et des freins.

COSMOGRAPHIE

Sphère céleste. — Distance angulaire. Hauteur et distance zénithale. Théodolite.

Lois du mouvement diurne. Méridien. Pôle. Jour sidéral.

Ascension droite et déclinaison. Lunette méridienne.

Terre.

Coordonnées géographiques.

Dimensions et relief de la Terre.

Mappemonde. Cartes.

Soleil. — Mouvement propre apparent sur la sphère céleste. Écliptique. Inégalité des jours et des nuits aux diverses latitudes. Saisons. Année tropique et année sidérale.

Heure sidérale ; heure moyenne ; heure légale.

Calendriers julien et grégorien.

Lune. — Mouvement propre apparent sur la sphère céleste. Phases.

Rotation. Variation du diamètre apparent.

Éclipses de Lune et de Soleil.

Planètes. — Système de Copernic.

Lois de Képler.

Loi de Newton et ses conséquences.

Notions sommaires sur les distances, les dimensions, la constitution physique du soleil, des planètes et de leurs satellites.

Comètes ; étoiles filantes ; bolides.

Étoiles ; constellations. Nébuleuses. Voie lactée.

PHYSIQUE et CHIMIE ([1])
(Programme commun aux sections A et B.)
(5 heures.)
PHYSIQUE

Pesanteur. — Chute des corps dans le vide et dans l'air : appareil de Morin ou tout autre permettant l'étude expérimentale directe de la *chute libre*. Résistance de l'air, existence d'une vitesse limite.

Établissement des lois fondamentales de la dynamique au moyen de la machine d'Atwood ou du plan incliné ; application à la chute libre. — Définition de la masse. Énoncé de la relation générale entre la force, la masse et l'accélération. Application au mouvement circulaire uniforme et au mouvement sinusoïdal.

Pendule simple : lois du mouvement pendulaire. Pendule composé : existence d'un pendule simple synchrone (sans démonstration). Mesure de g ; ses

---

([1]) Au début de l'année, on n'enseigne que la Chimie. On commence la Physique quand la Cinématique est terminée (V. p. 216).

variations. Principe des horloges et des chronomètres.

Énergie. — Énoncé du théorème des forces vives : applications (volant, marteau, pendule simple synchrone d'un pendule composé, etc.). Diverses formes d'énergie (mécanique, thermique, électrique, chimique, etc.) ; leurs transformations mutuelles ; principe de la conservation de l'énergie. Équivalence de la chaleur et du travail mécanique : expérience de Joule.

Détente des gaz : cas d'un gaz parfait, expérience de Joule ; détente avec travail extérieur.

Principe de la machine à vapeur et des moteurs à explosion ; indicateur de Watt.

Rendement d'une machine thermique ; énoncé du principe et du théorème de Carnot.

Changements d'état. — Équilibre entre les divers états d'un corps pur : diagrammes.

Réseaux d'isothermes : cas d'un gaz parfait ; cas d'un liquide et de sa vapeur ; expériences d'Andrews ; point critique. Continuité de l'état gazeux et de l'état liquide.

Solutions saturées ; sursaturation.

Unités de mesure. — Unités fondamentales et unités dérivées. — Unités *mécaniques* C. G. S. — Système pratique d'unités électriques.

Généralités sur les mouvements vibratoires. — Procédés d'enregistrement. — Chronophotographie. — Mouvements pendulaires. — Propagation d'un mouvement vibratoire. — Vibrations longitudinales et vibrations transversales. — Longueur d'onde. — Interférences. — Réflexion des ondes. — Ondes stationnaires : nœuds et ventres. — Résonance.

Phénomènes périodiques en acoustique. — Le son est dû à un mouvement vibratoire. — Phonographe. — Vitesse de propagation du son. — Qualités physiologiques du son ; leur interprétation physique. — Sons musicaux. — Intervalles ; harmoniques ; gamme tempérée. — Cordes vibrantes (étude sommaire). — Tuyaux sonores (étude sommaire). — Timbre des sons. — Idée de la décomposition d'un mouvement périodique quelconque en mouvements pendulaires.

Phénomènes périodiques en optique. — Hypothèse des vibrations lumineuses, période. — Expérience des miroirs de Fresnel, ou des deux trous d'Young. Lumière polarisée : les vibrations lumineuses sont transversales (¹).

Lumières monochromatiques. — Dispersion. — Spectroscope. — Étude des spectres, de l'infra-rouge à l'ultra-violet. Notions très sommaires sur l'émission des radiations.

Phénomènes périodiques en électricité. — Notions très élémentaires sur les courants alternatifs, leur production, leurs propriétés et leur utilisation : définition expérimentale de l'intensité efficace, du voltage efficace et de la puissance moyenne d'un courant alternatif ; influence de la self-induction et de la capacité d'un conducteur sur la puissance d'un courant alternatif dans ce conducteur (sans calculs) ; idée du facteur de puissance. — Principe des alternateurs monophasés et polyphasés. Principe des moteurs à courant monophasé et des moteurs à

---

(1) Le professeur se contentera de montrer l'existence et les propriétés de la lumière polarisée par une expérience appropriée, en se servant de nicols ou miroirs, par exemple.

champ tournant; transformateurs, bobine d'induction.

Décharge électrique dans les gaz; rayons cathodiques, rayons X. — Oscillations électriques. — Propagation des ondes électriques. — Principe de la télégraphie sans fil. — Hypothèse de l'identité des oscillations électriques et lumineuses.

Conseils généraux [1]. — Le professeur se contentera d'exposer les faits tels que nous les comprenons aujourd'hui, sans se préoccuper de l'ordre historique. On lui demande de débarrasser l'enseignement de beaucoup de vieilleries que la tradition y a conservées : appareils surannés, théories sans intérêt, calculs sans réalité. Il n'entrera point dans la description minutieuse des appareils ni des modes opératoires. Le but n'est pas de faire de nos élèves des physiciens de profession, mais de leur faire connaître les grandes lois de la Nature et de les mettre à même de se rendre compte de ce qui se passe autour d'eux ; dans cette vue, l'enseignement doit être à la fois très élevé, très simple et très pratique. Évitant les développements mathématiques, *il doit toujours être fondé sur des expériences.* Mais, pour ses démonstrations expérimentales, le professeur emploiera le moins possible des appareils compliqués ; il cherchera à les réaliser avec les moyens les plus simples et les plus à portée, s'attachant bien plus à l'esprit des méthodes qu'aux détails techniques d'exécution ; il utilisera fréquemment les représentations graphiques, non seulement pour mieux montrer aux élèves l'allure des phénomènes, mais pour faire pénétrer dans leur esprit les idées si importantes de fonction et de continuité ; enfin, par des applications numériques toujours empruntées à la réalité et réduites aux formes les plus simples, il habituera les élèves à se rendre compte de l'ordre de grandeur des phénomènes et à discerner dans quelles limites de précision une même correction peut être nécessaire ou absurde.

La recommandation faite au professeur de ne pas se préoccuper de l'ordre historique dans l'exposé d'une question n'implique pas, tant s'en faut, l'oubli des grands noms qui ont illustré la science. A l'occasion et sous forme de digression, il fera connaître la vie de quelques grands hommes (Galilée, Descartes, Pascal, Newton, Lavoisier, Ampère, Fresnel, etc.), en faisant ressortir non seulement l'importance de leurs travaux, mais surtout la grandeur morale de leur dévouement à la science ; on l'engage à donner aux élèves lecture de quelques pages caractéristiques de leurs œuvres.

---

[1] Les exercices écrits de cette classe porteront aussi bien sur le programme de Première que sur le programme de la classe.

CHIMIE

Généralités sur les combinaisons chimiques. — Analyse immédiate.

Principes de l'analyse gravimétrique et de l'analyse volumétrique (1).

Lois des combinaisons en poids et en volumes.

Idée d'un système de nombres proportionnels et d'une notation chimique.

Formules déduites des propriétés des corps.

Définition chimique du système des masses moléculaires et des masses atomiques.

Lois physiques auxquelles ces masses obéissent (Avogadro, Raoult, Mitscherlich, Dulong et Petit).

Détermination approchée des masses moléculaires par des méthodes physiques.

Exemples de détermination précise de quelques masses atomiques : hydrogène, carbone, potassium, argent, chlore.

Hypothèse atomique : montrer que les lois des combinaisons peuvent être considérées comme des conséquences de l'hypothèse des molécules et des atomes, et de l'hypothèse d'Avogadro.

Notion de valence.

Acides, bases, sels. Lois de Berthollet.

Caractères des oxydes, sulfures, chlorures, sulfates, azotates et carbonates.

Classification des métalloïdes.

---

(1) Le professeur devra seulement indiquer des exemples usuels et faciles à produire expérimentalement (chlorure d'argent, sulfate de baryum, dosage électrolytique du cuivre, alcalimétrie, acidimétrie, chlorométrie).

Chimie organique.

Principes de l'analyse organique. — Synthèse (1). — Formules développées.

Fonctions en chimie organique.

Carbures d'hydrogène. — Dérivés halogénés; étudier sommairement les principaux : chlorures de méthyle et d'éthyle, chloroforme, iodoforme.

Étude sommaire de l'alcool méthylique et de l'alcool éthylique au point de vue fonctionnel (2); éther ordinaire; aldéhyde éthylique; acétone; méthylamines.

Étude sommaire de l'acide acétique au point de vue fonctionnel; anhydride.

Éthers-sels.

Acétamide. Urée.

Cyanogène et acide cyanhydrique

Glycérine.

Acide oxalique; acide lactique.

Carbures benzéniques. Phénol; acide picrique; aniline.

SCIENCES NATURELLES

[Programme commun aux sections A et B et aux classes de Philosophie A et B.]

ANATOMIE ET PHYSIOLOGIE ANIMALES ET VÉGÉTALES
GÉOLOGIE
(2 heures.)

Voir le programme de Philosophie A, page 129.

HYGIÈNE
(12 conférences d'une heure.)

Voir le programme de Philosophie A, page 132.

----

(1) Le professeur s'attachera à choisir des exemples saillants pour montrer comment, à partir des éléments, on peut arriver à des composés complexes.

(2) Le professeur cherchera à établir, sur des exemples particuliers, l'enchaînement qui existe entre les différentes fonctions.

EXERCICES PRATIQUES
de Physique, Chimie, Sciences naturelles.

[Programme commun aux sections A et B.]

(2 heures.)

Dans la classe de Mathématiques, un certain nombre d'exercices pratiques porteront sur la revision des questions les plus importantes des programmes de Seconde et de Première.

Cinq ou six séances seront consacrées à des exercices pratiques de sciences naturelles qui seront communes aux quatre sections de Philosophie et de Mathématiques.

CONSEILS SUR LES EXERCICES PRATIQUES
EXEMPLES D'EXERCICES

Physique.

Le professeur attachera la plus grande importance aux exercices pratiques. Il apportera à leur préparation et à leur exécution les mêmes soins et la même attention qu'aux leçons proprement dites. La plus large initiative lui est laissée pour le choix de ces exercices pratiques. On se bornera quelquefois à faire faire aux élèves de simples observations qualitatives; le plus souvent on ira jusqu'à une mesure, mais en se limitant à l'approximation juste nécessaire pour permettre à l'élève de voir l'ordre de grandeur des choses avec des expériences d'une grande simplicité.

Par exemple, on pourra : étudier les lois du pendule et déterminer à 1 p. 100 près la valeur de g avec un fil à plomb, un mètre et une montre ; construire des poids divisionnaires avec un fil métallique ; déterminer la densité d'un liquide à 1 p. 100 près avec une bouteille ordinaire et une balance du commerce ; vérifier le principe d'Archimède avec une balance ordinaire, des vases gradués et des vases à déversement ; répéter l'expérience de Torricelli ; faire le vide avec la trompe à eau ; comparer la chaleur spécifique de l'eau avec celle du laiton (il suffit pour cela d'un vase en verre, d'un *poids* et d'un thermomètre ordinaire) ; déterminer des points de congélation et en déduire un poids moléculaire ; faire une mesure photométrique avec un crayon et une simple feuille de papier comme photomètre ; dessiner avec la chambre claire et le microscope ; enregistrer les vibrations d'un diapason ; tracer les lignes de force d'un champ magnétique avec de la limaille de fer ; cuivrer un objet par galvanoplastie ; construire des résistances graduées avec du fil de maillechort ; s'en servir pour une mesure de résistance, etc.

Ainsi compris, les exercices pratiques de physique ne demanderont pas de matériel dispendieux ni d'instrument trop délicat pour être mis entre les mains de débutants, et ils constitueront, néanmoins, le complément le plus utile de l'enseignement du professeur.

Chimie.

Le but des exercices pratiques est d'habituer les élèves à observer avec soin quelques réactions chimiques et non de les obliger à construire des appareils compliqués et difficiles à manier. Faire rapidement un grand nombre d'expériences, les laisser inachevées, serait une tendance fâcheuse contre laquelle il est important de réagir.

Matériel. — Pour réaliser ce but, la Commission a jugé qu'il n'était besoin que d'un matériel très simple et qu'il était même avantageux de proscrire dans ces exercices l'emploi d'appareils encombrants ou fragiles, tels que : fourneaux en terre, cornues, flacons à tubulures, etc. Le tube à essai de dimensions variables, dont les chimistes font un usage continu dans les laboratoires, servira à obtenir des précipités, à faire des analyses ; tous les gaz que l'on produit à froid ou à chaud pourront être préparés dans un tube à essai muni d'un tube abducteur et recueillis dans un tube à essai fonctionnant comme éprouvette. Une lampe à alcool ou un bec Bunsen suffiront amplement pour le chauffage. Un entonnoir, une capsule en porcelaine, quelques agitateurs compléteront un matériel bien suffisant pour ces exercices pratiques.

De cette façon, l'élève s'habituera à opérer sur peu de matière et par conséquent sans danger ; il sera, de plus, débarrassé du travail fastidieux des bouchons et du verre qui encombrerait le début de chaque exercice.

Choix des expériences. — Une expérience, si simple soit-elle, peut toujours être profitable à l'élève s'il l'exécute avec soin et intelligence. Ainsi, neutraliser au tournesol de l'acide sulfurique par de la potasse est une expérience simple qui, faite rapidement, n'a que peu d'intérêt. Mais si l'on oblige l'élève à verser goutte à goutte, avec une pipette, l'acide dans la potasse, à bien observer le virage du tournesol, à faire cristalliser le sel obtenu, l'opérateur se rendra facilement compte de la précision très grande de cette neutralisation, et le professeur pourra sans difficulté compléter cette expérience devenue intéressante en indiquant les procédés de l'alcalimétrie et de l'acidimétrie.

Prépare-t-on de l'hydrogène sulfuré, ce gaz devra être immédiatement caractérisé au moyen d'un sel de plomb et utilisé pour montrer les précipités colorés des sulfures de cuivre, d'argent, d'antimoine, etc.

Si l'on prépare de l'acide chlorhydrique en chauffant dans un tube à essai du sel marin et de l'acide sulfurique, après avoir caractérisé le gaz au moyen de l'ammoniaque, on devra immédiatement en faire une solution aqueuse ; cette solution pourra servir à précipiter les chlorures insolubles, à préparer du chlore, etc.

A la préparation de l'acétylène par le carbure de calcium viendra nécessairement s'ajouter la préparation du chlorure cuivreux qui servira à caractériser le gaz obtenu.

Ces quelques exemples suffisent à indiquer dans quel sens le professeur devra faire exécuter ces exercices pratiques. Comprises de cette façon et possibles à produire avec des appareils simples, les expériences à faire exécuter aux élèves sont en nombre considérable.

L'hydrogène, l'oxygène, le chlore, le soufre, le gaz sulfureux, l'ammoniaque, l'acide azotique, le gaz carbonique, l'oxyde de carbone, etc., pourront donner lieu à un grand nombre d'expériences intéressantes.

La réduction et la production des oxydes tels que l'oxyde de cuivre, l'extinction de la chaux, la prise du plâtre, la préparation des aluns, la production du permanganate de potasse et les propriétés oxydantes de ce sel, le bioxyde de plomb, la précipitation d'un métal d'une solution saline par un autre métal, cuivre par fer, plomb par zinc, etc., sont autant d'expériences qui, prises au hasard, dans la chimie des métaux, peuvent donner lieu à des exercices intéressants.

En chimie organique, la fermentation alcoolique, l'oxydation de l'alcool, la production de l'éther acétique, la fabrication d'un savon, la nitrobenzine, l'acide picrique, etc., fourniront, parmi tant d'autres, des expériences que l'élève pourra exécuter avec son matériel simple et dans le sens qui vient d'être indiqué.

Ce sera donc au professeur à fixer lui-même le programme des expériences que les élèves devront faire aux exercices pratiques. Le nombre des opérations effectuées dans chaque séance sera restreint et l'attention des élèves sera toujours maintenue en éveil par l'observation attentive des phénomènes et par les interrogations continues que fera le professeur sur les parties du cours relatives aux expériences faites.

Les exercices pratiques effectués dans le sens qui vient d'être indiqué et accompagnés de nombreuses interrogations faites par le professeur seront le complément indispensable du cours. Les élèves devront certainement tirer un fruit considérable des connaissances qu'ils acquerront et de l'habileté expérimentale qu'ils développeront dans ces exercices.

Sciences naturelles.

Les exercices pratiques des sciences naturelles n'exigent ordinairement pas un matériel compliqué. Toutefois, comme il paraît indispensable d'initier les élèves à l'observation au moyen de la loupe et du microscope, il sera facile d'alterner les opérations et de réaliser des groupements d'élèves de manière à permettre à tous d'utiliser les instruments, en nombre restreint, que renferment les laboratoires.

Quelques exemples montreront comment on peut concevoir ces exercices qui doivent donner à l'enseignement plus de force et de pénétration et appuyer les développements donnés dans le cours sur des bases solides.

A propos de la digestion ou de la germination, on pourra faire exécuter des digestions artificielles, étudier, par exemple, l'action de quelques diastases, de la salive, de l'orge germée, du suc gastrique, etc.

L'étude du sang peut fournir la matière d'un exercice : examen microscopique du sang frais ; dessin des objets vus ; examen spectroscopique du sang ; action de l'oxygène sur le sang ; examen de la circulation du sang (têtards).

Propriétés des muscles étudiées chez la grenouille. — Étude de la contraction musculaire ; action des divers excitants.

Si l'établissement possède un cylindre enregistreur, on pourra initier les élèves à la méthode d'inscription graphique des phénomènes les plus simples.

Réalisation de quelques dissections sur des organes séparés ou sur des petits animaux ; examen et dissection d'un cerveau de mouton durci à l'acide chromique, avec dessins ; examen, dissection et croquis de l'ensemble des organes chez une grenouille, un lézard, un poisson ; étude des mouvements réflexes, grenouille décapitée.

Examen, dissection de quelques graines préalablement gonflées : blé, ricin, haricot, gland ; germination, observation des diverses parties de la plante ; racine, tige hypocotylée, cotylédons.

Réaliser des expériences sur la fonction chlorophyllienne, sur la transpiration, etc.

Étudier la feuille ; séparer les diverses parties de la feuille par la dissociation. Épiderme, nervures, stomates.

Exercice de dissection sur différentes fleurs ; reconstituer le plan de la fleur, la disposition des organes et compléter l'examen par les coupes transversales ; dessins.

Exercice de la loupe par l'observation d'organes très petits : fleurs de graminées, de cypéracées, examen des diverses espèces de mousses, etc.

Ces exercices pratiques devront être complétés par quelques excursions.

DESSIN

Dessin géométrique (¹).

[Programme commun aux sections A et B.]

(*1 heure.*)

Continuation des exercices de l'année précédente sur les ombres et le lavis. — Surfaces hélicoïdales.
Notions de perspective.
Dessin de machine et dessin de construction.
Croquis à main levée avec cotes d'objets usuels.

Dessin d'imitation (facultatif).

(*2 heures.*)

Voir le programme de Seconde A, page 101.

---

(1) Voir la note de la page 146.

SECTION
SCIENCES-LANGUES VIVANTES

CLASSE DE SECONDE D

LANGUE FRANÇAISE
(4 heures.)

Lecture, explication et récitation d'auteurs.

Les élèves seront habitués à faire des lectures complémentaires qui seront contrôlées en classe (¹).

Lectures et interrogations destinées à faire connaître les principaux écrivains français des xvi°, xvii° et xviii° siècles.

Compositions françaises.

A partir de cette classe, une grammaire plus développée et un précis d'histoire de la littérature française seront mis entre les mains des élèves.

AUTEURS (²)

Morceaux choisis de prosateurs et de poètes des xvi°, xvii°, xviii° et xix° siècles.

Corneille. — Théâtre choisi.

Racine. — Théâtre choisi.

---

(1) Ces lectures pourront porter sur les traductions des principaux chefs-d'œuvre de l'antiquité et des littératures modernes.

(2) Le professeur choisira annuellement dans cette liste les ouvrages qu'il fera expliquer en classe.

Molière. — *Théâtre choisi.*

La Bruyère. — *Caractères.*

Lettres choisies du xviiᵉ et du xviiiᵉ siècle.

Voltaire. — Extraits des œuvres historiques et des autres ouvrages en prose ; lettres choisies.

Buffon. — Extraits : *discours et vues générales.*

J.-J. Rousseau. — Extraits.

Lamartine. — Choix de poésies.

Victor Hugo. — Théâtre choisi.

Extraits des écrivains scientifiques.

Le programme des autres matières est identique à celui de la classe de Seconde C, avec cette différence que l'étude du latin est remplacée par celle d'une seconde langue vivante.

Sept heures par semaine sont consacrées aux langues vivantes : trois heures (dont deux communes aux sections A, B, C, D et une commune aux sections B et D) à la langue déjà étudiée dans le premier cycle ; quatre heures (communes aux sections B et D) à la seconde langue.

CLASSE DE PREMIÈRE D

LANGUE FRANÇAISE
(4 heures.)

Lectures et interrogations destinées à faire connaître les principaux écrivains français du xix⁰ siècle.
Compositions françaises.

AUTEURS (¹).

Morceaux choisis de prosateurs et de poètes des xvi⁰, xvii⁰, xviii⁰ et xix⁰ siècles.

Pascal. — *Pensées, Provinciales, I, IV, XIII et Extraits.*

La Fontaine. — *Fables.*

La Bruyère. — *Caractères.*

Voltaire. — Extraits des œuvres historiques et des autres ouvrages en prose ; lettres choisies.

J.-J. Rousseau. — Extraits.

Montesquieu. — Extraits de l' « *Esprit des lois* » et des œuvres diverses.

Choix des moralistes du xvii⁰, du xviii⁰ et du xix⁰ siècle.

Extraits des orateurs et écrivains politiques de 1789 à nos jours.

Extraits des écrivains scientifiques.

Choix des principaux historiens du xix⁰ siècle.

---

(1) Le professeur choisira annuellement dans cette liste les ouvrages qu'il fera expliquer en classe.

Le programme des autres matières est identique à celui de la classe de Première C, avec cette différence que l'étude du latin est remplacée par celle d'une seconde langue vivante.

Sept heures par semaine sont consacrées à l'étude des langues vivantes, dans les mêmes conditions que pour la classe de Seconde D.

CLASSE DE MATHÉMATIQUES B

Les programmes sont identiques à ceux de la classe de Mathématiques A, avec cette différence qu'une heure de plus par semaine est consacrée à l'étude des langues vivantes.

Les élèves apprennent deux langues étrangères ; ils consacrent deux heures à l'une (celle de leur choix), une heure à l'autre.

PROGRAMMES

DE L'ENSEIGNEMENT DES LANGUES VIVANTES

(ALLEMAND, ANGLAIS, ESPAGNOL, ITALIEN, RUSSE.)

« L'objet de l'enseignement des langues vivantes doit être l'acquisition effective d'un instrument dont l'usage puisse être continué après la sortie du lycée ou du collège soit pour des besoins pratiques, soit pour des études littéraires, soit pour l'information scientifique (1). »

Observation préliminaire. — Les classes ont désormais une durée uniforme d'une heure. Il importe que, pendant ce temps, l'enseignement ne soit pas fragmenté, mais continu et progressif. Tous les exercices, quelque variée qu'en soit la forme, doivent s'enchaîner naturellement les uns aux autres. Il en sera de même pour les classes : chacune devra s'appuyer sur ce qui a été enseigné dans la précédente pour faire faire un pas en avant. Il est extrêmement important de répéter : néanmoins, une classe consacrée uniquement à revoir des matières déjà connues risque d'être une classe à peu près perdue. Il faut que l'élève ait toujours l'impression d'avoir appris quelque chose : des mots nouveaux, une forme grammaticale nouvelle, etc. Rien ne doit être laissé au hasard ; l'emploi du temps doit être réglé méthodiquement dans chaque classe.

Division et répartition des matières enseignées. — Le but pratique que doit viser l'enseignement des langues étrangères, ainsi que la méthode qui paraît la meilleure

(1) Projet de réforme du Ministre de l'Instruction publique du 15 octobre 1900.

pour l'atteindre ont été définis dans la circulaire ministérielle du 15 novembre 1901 et dans les instructions
annexes. « Il faut employer la méthode qui donnera le
plus rapidement et le plus sûrement à l'élève la possession effective de ces langues. Cette méthode, c'est la méthode directe[1]. » La méthode directe est inductive et
pratique. Inductive, elle prendra pour base la langue
étrangère et non la langue maternelle; elle partira de
l'observation et non de l'abstraction; pratique, elle exercera l'élève à exprimer ses idées au moyen du vocabulaire
étudié; inductive et pratique à la fois, elle ne séparera
jamais la pratique de la théorie, mais les développera
simultanément, et l'une par l'autre.

Pour pratiquer avec fruit la méthode indiquée et
obtenir plus sûrement le résultat cherché, on divisera en
trois périodes les années consacrées à l'étude des langues.

Dans la première période, tout en enseignant à l'enfant
le vocabulaire le plus usuel et en l'accoutumant à la correction grammaticale, on s'appliquera surtout à faire
l'éducation de l'oreille et des organes vocaux, et à lui
donner l'habitude de *parler* dans la langue qu'on lui
enseigne.

Dans la seconde période, tout en exerçant et en développant la faculté et l'habitude de converser, en donnant
une plus grande étendue au vocabulaire dont l'élève dispose et plus de précision à ses connaissances grammaticales, on se propose comme but de le mettre en état de
comprendre les livres et les publications diverses impri-
mées dans la langue étrangère et d'exprimer lui-même
sa pensée dans cette langue par écrit. On lui apprend à
lire et à *écrire*.

Enfin dans la troisième, la langue est suffisamment
connue pour que la lecture cesse d'être à elle-même son
propre but; on s'en sert pour faire connaître au jeune
homme le pays étranger, la vie du peuple qui l'habite et
sa littérature.

---

(1) « Il va de soi que, tout en se rapprochant du procédé naturel de l'acquisition des langues, elle (la méthode orale) doit être
employée comme une vraie méthode, c'est-à-dire d'après un plan
précis et suivant une gradation continue. » (Instructions
annexes.)

La première période correspond aux classes de Sixième et de Cinquième : la seconde aux classes de Quatrième et de Troisième, la dernière au second cycle des études. Mais il ne faut pas considérer ces limites comme impératives et rigoureuses. On ne passera des exercices d'une période à ceux de la suivante que lorsque l'élève possédera d'une façon suffisamment sûre les connaissances et l'aptitude qu'il a dû acquérir dans la période précédente. Mieux vaudra en particulier prolonger la seconde période que d'obtenir des résultats incertains. En revanche, avec les élèves ayant déjà pratiqué la langue, on pourra abréger la première période.

En cas de division par cours, on ne mettra jamais dans un même cours des élèves appartenant à des périodes différentes.

PREMIÈRE PÉRIODE

CLASSES DE SIXIÈME ET DE CINQUIÈME

ÉDUCATION DE L'OREILLE ET DES ORGANES VOCAUX
ENTRAINEMENT A LA CONVERSATION

Prononciation. — Tous les efforts du professeur devront tendre à obtenir dès le début une prononciation et une accentuation exactes. Afin d'y parvenir (¹), il prononcera lui-même les vocables lentement et en séparant les syllabes, les fera répéter tantôt par un seul élève, tantôt par plusieurs, tantôt par l'ensemble de la classe (²), jusqu'à ce

---

(1) « Donner aux élèves une bonne prononciation sera donc la première tâche du professeur. Pour éviter qu'au début la figuration écrite des mots n'en fausse la prononciation, le mot parlé devra précéder le mot écrit. » (Instructions annexes.)

(2) La diction simultanée, la lecture rythmée, le chant peuvent rendre des services appréciables pour l'enseignement de la prononciation. Ils ont, en outre, l'avantage de fixer, au besoin de réveiller l'attention de la classe entière. Mais ces exercices peuvent présenter des inconvénients d'ordres divers. Il sera bon de n'en pas abuser. Mieux vaut ne pas les pratiquer que de les pratiquer mal.

qu'il ait obtenu une reproduction exacte des sons qu'il a émis. Alors seulement il écrira le mot au tableau (¹). Il pourra ensuite faire prononcer ce mot écrit. Si l'image orthographique amène des hésitations, il effacera le mot et recommencera l'exercice de prononciation.

Le professeur enseignera ensuite, toujours au moyen de ces procédés, la prononciation et l'accentuation d'expressions et de membres de phrases. Cette habitude devra être conservée pendant tout le cours des études. Jamais une prononciation fausse ne devra être entendue sans être aussitôt rectifiée.

Vocabulaire. — Les mots doivent être enseignés par la vue des objets, en recourant aussi peu que possible à la langue maternelle (²). On commencera par le nom des objets qui entourent l'élève dans la classe, et par ceux que le maître y pourra apporter. Il faut que de bonne heure le verbe vienne se joindre au substantif. Les premiers verbes seront fournis par les actes et les mouvements exécutés par les élèves en classe (se lever, aller au tableau, lire, écrire, etc.), puis par les gestes et les mouvements que le professeur pourra leur faire exécuter exprès (ouvrir la porte, étendre le bras, etc.).

On pourra ensuite se servir de tableaux (³) qui représentent des scènes de la vie courante. Ces tableaux seront

---

(1) Pour l'anglais et le russe, il sera peut-être bon d'attendre pour écrire les mots qui présentent les sons les plus difficiles ou ceux dont la notation est le plus imparfaite, que la prononciation en soit satisfaisante et de passer quelque temps à des exercices purement oraux.

(2) « Le moyen naturel de mettre en œuvre cette méthode orale, c'est l'enseignement par l'aspect, qui relie directement le mot à l'objet. On se servira utilement d'objets réels ou figurés, de dessins, de tableaux, etc. » (Instructions annexes.)

(3) Les tableaux ont une utilité incontestable ; mais on n'oubliera pas qu'à côté d'eux il existe d'autres moyens d'acquérir le vocabulaire et on n'en fera pas un usage exclusif ou trop prolongé. On répète ici ce qui a été dit déjà à propos de la diction simultanée et de la lecture rythmée. Le professeur emploiera les moyens matériels et les procédés les plus variés, mais il ne fera pas de ces moyens et de ces procédés le but de son enseignement. Il n'apprendra pas perpétuellement à compter les heures sur un cadran de carton, il ne fera pas pendant des années faire des opérations de calcul au tableau. Le but atteint, le moyen n'a plus de raison d'être.

l'occasion de petits récits et d'exercices de toutes sortes.

A ce premier vocabulaire, fourni par une méthode purement intuitive, le livre de lectures viendra ajouter de nouveaux éléments.

Il importe que l'étude du vocabulaire ne soit pas laissée au hasard. Pendant cette première période, l'élève aura progressivement acquis le vocabulaire usuel qui se rapporte aux matières suivantes :

CLASSE DE SIXIÈME

L'Enfant à l'école :

Ce dont l'élève se sert en classe ;
Ses relations avec les personnes qui l'entourent ;
Principaux actes scolaires (j'écris, je lis, etc.).
Mouvements dans la classe ; les parties de la classe.
Maniement des objets scolaires.
La récréation. Les jeux.

Les Nombres (cardinaux et ordinaux) :

Calculs élémentaires. Poids et mesures.

Le Temps et la Température :

La division du temps. L'âge.
Le chaud et le froid. Les saisons (notions très sommaires).

Le Corps humain et les besoins corporels :

La nourriture ; le vêtement.
Opérations des sens.
Santé et maladie.

La Maison et la Famille :

Parties de la maison ; différentes pièces ; meubles et ustensiles.
Les membres de la famille ; leurs occupations ; scènes familiales.

CLASSE DE CINQUIÈME

La Campagne :

   Les *aspects* de la campagne ;
   Phénomènes atmosphériques ; les saisons.
   Les plantes et les animaux.
   Les *occupations* de la campagne :
      Le cultivateur ; le vigneron ; le jardinier ; le
      bûcheron.
      La maison rustique, principales parties.
      Les animaux domestiques, ce qu'ils font, les ser-
      vices qu'ils nous rendent ;
      Les instruments de culture.
   Les *plaisirs* de la campagne :
      La chasse et la pêche ;
      La promenade, les différents moyens de locomo-
      tion ;
      Les fêtes et les distractions.

La Ville :

   La rue (les véhicules), la gare, la poste, l'hôtel, le
   théâtre, le musée, la bibliothèque, les grands magasins, la boutique, le marché.
   Les principaux métiers.

La Nature :

   La mer, la rivière, la montagne, la plaine, la forêt,
   le ciel.
   Notions très sommaires sur la géographie du pays
dont on apprend la langue.

   Le professeur ne cherchera pas à épuiser *tout* le vocabulaire contenu dans ces cadres. Il s'en tiendra aux termes les plus usuels. Il évitera notamment les termes
techniques et *se gardera de nommer dans la langue étran-*

gère des objets ou parties d'objets dont l'enfant ne connaît pas le nom français. Il usera pour l'acquisition de ce vocabulaire des procédés variés qui ont été indiqués plus haut et ne fera jamais apprendre par cœur des listes de mots.

Dès le début, les mots appris seront groupés en de petites phrases (1)

Grammaire. — C'est au moyen de ces phrases que l'élève acquerra ses premières connaissances grammaticales. Loin d'être négligée, la **grammaire** sera enseignée d'une façon extrêmement méthodique : il faut qu'à la fin de cette première période l'élève n'hésite plus sur une forme du pluriel (déclinaison) ou sur la conjugaison. Mais c'est surtout par l'exemple que l'élève doit l'apprendre (2) et l'on éliminera de cet enseignement tout ce qui n'est pas absolument essentiel. Le professeur insistera, dès le début et sans autre explication, pour que les mots soient toujours employés avec leur forme grammaticale correcte. Peu à peu il groupera les formes analogues de différents vocables, il montrera le même vocable sous des formes différentes, et obtiendra ainsi un paradigme.

L'essentiel est que l'oreille soit accoutumée aux formes *avant* que la règle apparaisse, et que la règle, toujours claire et courte, soit la simple constatation d'un fait général.

Conversation. — Pendant cette première période, la conversation est tout à la fois le but et le moyen. Naturellement, elle ne peut être au début qu'une série d'interrogations que le professeur formule à l'aide de mots connus pour obtenir, comme réponse, des phrases et tournures apprises. Le but immédiat est de faire entrer des mots vivants dans la mémoire de l'élève et d'accoutumer son oreille à exiger une forme correcte.

---

(1) « Les mots peuvent s'accumuler dans la mémoire sans que nous devenions pour cela capables d'énoncer une idée, d'exprimer un désir, de formuler une interrogation. C'est par la phrase qu'il faut débuter. » (Bréal : De l'enseignement des langues vivantes.)

(2) Les premiers exercices oraux et les devoirs écrits qui s'y rattachent fourniront, en même temps, par l'exemple, les premières notions grammaticales. (Instructions annexes.)

Il sera bon d'habituer l'élève à répondre toujours par une phrase complète. Mais en outre, il faut songer à préparer l'enfant à une véritable conversation, en profitant de l'imprévu, en préparant la connaissance des mots et des formules nécessaires pour décrire tous les incidents de la vie scolaire. Le professeur doit arriver le plus tôt possible à dire à ses élèves dans la langue étrangère tout ce qu'il a à leur dire.

Leçons. — Elles devront consister en de petits morceaux de prose et de vers. On y pourra ajouter quelques paradigmes et des phrases grammaticales types. Les morceaux appris auront été soigneusement préparés et expliqués en classe. Ils pourront être dictés, à condition que le professeur revoie minutieusement le texte pris par chacun des élèves. La récitation ne doit jamais être un exercice prolongé et faisant perdre un temps précieux.

Devoirs écrits. — Ils n'ont au début qu'une importance secondaire. Mais il sera cependant nécessaire d'en donner pour diverses raisons pédagogiques. Tout d'abord, l'élève se bornera à recopier sans les traduire les mots qu'il aura appris en classe et qu'il aura notés au fur et à mesure. Plus tard, il recopiera les paradigmes. On pourra ensuite donner divers devoirs grammaticaux dans le genre de ceux que le professeur de français donne aux élèves des classes élémentaires : verbes, mots à mettre au pluriel, adjectifs à faire accorder, phrases à compléter, formes grammaticales à varier, etc. Un excellent exercice consiste à dicter des questions auxquelles l'élève aura à répondre ; cet exercice a pour but de le forcer à employer certaines tournures. Il sera bon aussi de donner de temps en temps des dictées, mais on devra s'assurer que le texte en a été préalablement compris. Ces dictées seront corrigées avec épellation en langue étrangère. Enfin, dans les derniers mois de la période, on pourra déjà essayer de faire reproduire de petites histoires racontées en classe.

Livre (¹). — Un livre de lecture, simple, mettant en

(¹) Le professeur jugera lui-même à quel moment il pourra mettre un livre entre les mains de ses élèves : il attendra, en

œuvre le vocabulaire déterminé ci-dessus (leçons de choses, petites descriptions, récits historiques ou légendaires, anecdotes, poésies enfantines). S'appliquer avant tout à obtenir une lecture bien faite. Expliquer les mots à l'aide des mots déjà sus. En tout cas, éviter la traduction mot à mot (¹).

DEUXIÈME PÉRIODE

CLASSES DE QUATRIÈME ET DE TROISIÈME

La conversation a été, dans la période précédente, l'exercice continuel, grâce auquel l'élève a acquis l'intelligence des vocables et les connaissances grammaticales. La place principale, dans la seconde période, appartient à la lecture. La conversation ne disparaît pas, loin de là, mais d'artificielle elle devient naturelle. Le professeur fait la classe dans la langue enseignée : il s'en sert pour tout ce qu'il a à dire à ses élèves et notamment pour la correction des devoirs, les élèves pour tout ce qu'ils ont à dire ou à demander. La lecture fournit aussi ample matière à conversation (²).

Prononciation. — Il est nécessaire de surveiller la prononciation de l'élève avec autant de soin que pendant la période précédente.

---

tout cas, qu'ils aient déjà pris de bonnes habitudes de prononciation. (Instructions annexes.)

(¹) Il est très important que, pour obtenir l'unité d'enseignement et de connaissances, les professeurs d'un même établissement emploient le même livre de lecture dans toutes les divisions d'une même classe. Les meilleurs ouvrages de ce genre seront ceux qui ne contiendront aucune indication pour le professeur (questions, exercices de conversation tout faits) et surtout qui, à la fin, auront un vocabulaire avec l'indication des pages et lignes où ces mots se retrouvent.

Pour le russe, on ne se servira que d'éditions accentuées.

(²) La correspondance interscolaire peut également fournir des occasions de conversation.

Vocabulaire. — On doit s'efforcer de le développer, de le compléter surtout à l'aide de la lecture. Dérivation (sans explications philologiques), synonymie. En allemand, les particules et leur signification propre, etc.

Grammaire. — On amènera peu à peu l'élève à se servir de tournures grammaticales plus complexes. Mais la règle sera toujours la simple constatation d'un fait général.

Lectures. — Tout d'abord, on s'appliquera à ce que le texte soit lu correctement. Le professeur lira d'abord la phrase et la fera répéter. Après explication, il fera relire l'alinéa entier et ne tolérera pas une lecture mécanique et monotone.

Il expliquera d'abord pour chaque phrase les mots inconnus, en se servant des mots déjà sus. Il s'assurera par des questions que la phrase est comprise. Arrivé à la fin de l'alinéa, il le fera résumer.

Il peut être nécessaire, pour s'assurer que le texte a été compris, de le faire traduire. En ce cas, on évitera le mot à mot ; la phrase sera immédiatement rendue par une phrase. Cet exercice sera dirigé par le professeur en langue étrangère.

Le texte sera également commenté en langue étrangère.

De temps en temps, on fera raconter une histoire lue précédemment.

Les élèves seront en outre engagés, dans tout le cours des études, à faire des lectures supplémentaires qui seront contrôlées en classe.

Leçons. — Elles consistent surtout en récitation de textes.

Devoirs écrits. — Les devoirs écrits seront d'abord des dictées, puis des reproductions de récits lus en classe ; enfin, des exercices de composition laissant plus d'initiative et de liberté à l'élève (narrations et lettres).

On pourra faire également de temps en temps des traductions écrites (thèmes et versions).

Le thème — et c'est le rôle auquel il convient de le réduire — servira à vérifier si les règles présumées connues le sont en effet. Il sera un moyen de contrôle et non un instrument d'étude. Dans ces thèmes, les mots seront connus de l'élève ou lui seront indiqués, de telle façon qu'il n'ait pas à recourir au dictionnaire.

Livres. — 1° *Une grammaire.* — Cette grammaire, simple et courte, doit être un livre à consulter, où l'élève retrouvera, sous forme systématique, les règles et para-digmes qui lui auront été enseignés oralement. Les pro-fesseurs d'un même établissement se mettront d'accord sur le choix de cette grammaire, que l'élève gardera pen-dant tout le cours de ses études

2° *Textes de lecture :*

Livre de lecture contenant des récits d'histoire ou de légende, des tableaux de la vie à l'étranger, des notions pratiques présentées sous une forme brève et agréable.

Choix de nouvelles et de saynètes, donnant autant que possible, en même temps que des modèles de style pour la narration, des peintures de mœurs contemporaines. Ce recueil contiendra aussi des pièces de vers.

Un journal (1).

TROISIÈME PÉRIODE. — 2e CYCLE

CLASSES DE SECONDE ET DE PREMIÈRE

La classe se fait uniquement dans la langue étrangère. On s'appliquera d'autant plus à la précision du vocabu-laire et à la correction de l'expression que le nombre d'heures devient plus restreint et qu'une autre langue étrangère sera enseignée dans les sections : Latin-Langues Vivantes et Sciences-Langues Vivantes.

---

(1) Un journal peut prendre la place d'un livre de lecture, mais il est nécessaire, dans ce cas, que tous les élèves de la classe y soient abonnés.

Les exercices seront donc en grande partie les mêmes que durant la seconde période. Mais on accordera une place de plus en plus large aux exercices écrits (narrations, lettres, récits, résumés des lectures faites). L'usage d'un dictionnaire en langue étrangère est recommandé pour la rédaction de ces devoirs (1).

Les lectures prennent peu à peu un caractère plus didactique. Les sujets pourront en être puisés dans les publications périodiques. Le moment est venu de faire connaître à l'élève la vie, la civilisation, l'histoire et la littérature du peuple étranger. Les sujets de lecture, les commentaires du professeur, au besoin des séries de courts exposés faits dans la langue étrangère et suivis d'interrogations dans cette langue, initieront graduellement les élèves à cette connaissance. On encouragera les lectures faites à domicile ou en étude. L'élève résumera de vive voix ou par écrit les pages qu'il aura lues. De temps à autre, on fera faire par les élèves de petites leçons orales sur les arts industriels, les grandes découvertes, la géographie, les voies de communication, les beaux-arts, l'histoire littéraire. Ces leçons se rattacheront, autant que possible, à des lectures ou à des exposés déjà faits.

Tous ces exercices doivent toujours aboutir à des conversations sur les questions traitées.

Livres :

Lectures se rapportant à la géographie, à l'histoire, aux sciences.

Morceaux choisis de prose et de vers tirés des principaux chefs-d'œuvre de la littérature.

CLASSES DE PHILOSOPHIE ET DE MATHÉMATIQUES

Le professeur, tout en continuant à compléter et à préciser les connaissances acquises en seconde et en première sur l'ensemble de la civilisation du pays étranger, s'attachera spécialement à la période contemporaine. Au moyen

---

(1) L'usage de ce dictionnaire sera autorisé pour les compositions.

d'explications de textes, de lectures, de courts exposés, on étudiera les principaux faits d'ordre économique, politique, littéraire et social dont la connaissance permettra à l'élève d'acquérir une idée générale des différentes manifestations de la vie nationale contemporaine à l'étranger. Comme dans les classes de seconde et de première, ces exposés doivent, autant que possible, se rattacher aux textes expliqués, aux lectures faites en classe, à l'étude, à domicile : et tous les exercices doivent aboutir à des conversations.

INSTRUCTIONS

relatives à l'enseignement des langues vivantes
dans les lycées et collèges,
annexées à la circulaire du 15 novembre 1901.

———

1. Si l'étude des langues anciennes a pour objet essentiel une certaine culture de l'esprit, les langues vivantes sont enseignées surtout en vue de l'usage.

Le but que devra se proposer l'enseignement d'une langue vivante, au cours des études secondaires, sera donc de donner à l'élève la possession réelle et effective de cette langue.

2. La langue à enseigner sera la langue courante.

On entendra par là non seulement celle qui répond aux usages de la vie journalière, mais d'une manière générale celle qui sert à traduire par la parole toutes les manifestations de la vie physique, intellectuelle et sociale.

3. Une langue vivante étant avant tout une langue parlée, la méthode qui conduira le plus sûrement et le plus rapidement à la possession de cette langue sera la méthode orale.

Cette méthode n'est exclusive ni de la lecture des textes, ni des devoirs écrits. Mais elle n'est pas suspendue par ces exercices : elle s'y applique au contraire, elle en prend occasion et y trouve une matière. Par sa continuité même, elle réalise pour l'élève, dans la classe, quelques-uns des avantages d'un séjour en pays étranger.

Il va de soi d'ailleurs que, tout en se rapprochant du procédé naturel de l'acquisition des langues, elle doit être employée comme une vraie méthode, c'est-à-dire d'après un plan précis et suivant une gradation continue.

4. La méthode orale fait tout d'abord l'éducation de l'oreille et des organes vocaux. Elle se fonde essentiellement sur la prononciation. Donner aux élèves une bonne prononciation sera donc la première tâche du professeur.

Pour éviter qu'au début la figuration écrite des mots n'en fausse la prononciation, le mot parlé devra précéder le mot écrit. Il faut tout d'abord accoutumer l'oreille de l'élève à saisir exactement les sons de la langue étrangère et sa bouche à les reproduire correctement.

Le moyen naturel de mettre en œuvre cette méthode orale, c'est l'enseignement par l'aspect, qui relie directement le mot à l'objet.

On se servira utilement d'objets réels ou figurés, de dessins, de tableaux, etc.

5. A ces premiers exercices se rattacheront les premières lectures et les premiers devoirs écrits. Le professeur jugera lui-même à quel moment il pourra faire intervenir ces devoirs, à quel moment il pourra mettre un livre entre les mains de ses élèves : il attendra en tout cas qu'ils aient déjà pris de bonnes habitudes de prononciation.

Pour confirmer ces habitudes, le professeur veillera à ce que les textes soient toujours bien lus. Il exigera notamment de l'élève l'accentuation exacte du mot et de la phrase.

6. Les premiers exercices oraux et les devoirs écrits qui s'y rattachent fourniront en même temps, par l'exemple, les premières notions grammaticales.

L'enseignement plus systématique de la grammaire, quand le moment sera venu de l'introduire, restera éminemment simple et pratique.

7. Le vocabulaire, partant des mots les plus concrets, s'étendra peu à peu aux expressions courantes des arts, des sciences, de la littérature, sans jamais verser dans les terminologies spéciales.

Mais pour mettre réellement l'élève en possession d'une langue, il ne suffit pas de lui en faire étudier le vocabulaire et la grammaire, il faut encore, à chaque degré d'étude, l'exercer à se servir des notions acquises pour exprimer sa pensée.

8. Les exercices oraux, comme les exercices écrits, continueront à travers toute la série des classes : le professeur s'appliquera à varier les sujets de ces exercices, à les approprier constamment à l'âge de l'élève, à son degré de maturité, à l'ensemble de ses études.

La méthode doit suivre pas à pas l'esprit de l'élève dans son développement.

Indépendamment de la langue elle-même, le pays étranger, la vie du peuple qui l'habite fourniront plus particulièrement la matière de l'enseignement.

A cet effet on se servira utilement de cartes géographiques, de vues, de journaux, de revues, de collections pour bibliothèques scolaires, etc.

9. La littérature, manifestation essentielle de la vie des peuples, a naturellement sa place dans l'enseignement des langues vivantes : et à mesure que les élèves posséderont mieux le matériel de la langue, une place plus grande sera faite à des lectures étendues de textes tantôt préparés, tantôt expliqués à livre ouvert. Mais la culture littéraire proprement dite sera toujours subordonnée à l'usage de la langue, soit parlée, soit écrite, qui reste la fin principale de tout l'enseignement.

10. Dans tout le cours des études, le professeur se servira surtout de la langue étrangère : il s'interdira l'usage de la langue française, sauf dans le cas où elle lui est indispensable pour rendre ses explications plus claires, plus courtes et plus complètes.

LISTES D'AUTEURS

POUR

L'ENSEIGNEMENT DES LANGUES VIVANTES

DANS LES LYCÉES ET COLLÈGES DE GARÇONS

(Arrêté du 3 août 1903.)

———

Les listes d'auteurs pour l'enseignement des langues vivantes dans les lycées et collèges de garçons sont déterminées ainsi qu'il suit :

DEUXIÈME PÉRIODE

(CLASSES DE QUATRIÈME ET DE TROISIÈME)

1. Livre de lectures contenant des tableaux de la vie à l'étranger, des notions pratiques, données sous une forme agréable et courte, sur le commerce, les moyens de communication, les distractions, les institutions, en un mot présentant dans des textes suivis le vocabulaire de la vie courante.

2. Choix de nouvelles et de scènes dialoguées, donnant, autant que possible, en même temps que des modèles de style pour les narrations des élèves, des peintures de mœurs contemporaines. Ce recueil pourra contenir des contes, des légendes et aussi quelques pièces de vers.

Pour l'allemand :

Extraits d'auteurs modernes, tels que W. Alexis, M. von Ebner-Eschenbach, Fontane, Freytag, Ganghofer, Gottschall, Hackländer, P. Heyse, Hans Hoffmann, Hans Hopfen,

Max Kretzer, D. von Liliencron, Raabe, Riehl, Rodenberg, Rosegger, Max Schmidt, Spielhagen, Stifter, Stinde, Storm, Sudermann, Wildenbruch, Wilbrandt, etc.

Pour l'anglais :

Extraits d'auteurs modernes, tels que Marryat, Stevenson, Miss Edgeworth, Miss Mitford, Miss Montgomery, Mrs. Burnett, Ouida, Kingsley, Hawthorne, Hardy, Thomas Hughes, Anstey, Rider Haggard, Mary Wilkins, Wells, Jerome K. Jerome, etc. — Courts poèmes et contes en vers de : Cowper, Southey, Scott, Wordsworth, Coleridge, Campbell, Kingsley, Longfellow, Morris, Mrs. Browning, etc.

Pour l'espagnol :

Extraits d'auteurs modernes, tels que récits, nouvelles et contes de Trueba, Fernán Caballero, Pereda, Fernández Bremón, Carlos Rubio, Eduardo Bustillo, Narciso Campillo, Ruiz Aguilera, Castro y Serrano, Valera, Pardo Bazán, Eusebio Blasco, Fernanflor, Palacio Valdés, Salvador Rueda, Blasco Ibáñez, etc.

Pour l'italien :

Un recueil du genre de *Prose e poesie italiane scelte e annotate da Luigi Morandi* (S. Lapi, édit. à Città di Castello) (1).

L. Capuana. — *C'era una volta*.

Nouvelles de C. Collodi, Emma Perodi, Ida Baccini.

Si le professeur préfère faire usage de textes plus suivis, il choisira un des ouvrages énumérés ci-dessous :

Langue allemande.

Grimm. — *Märchen*.

Bechstein. — *Deutsche Märchen*.

---

(1) Ce volume présente un tableau fort complet de la vie sociale, politique, anecdotique, commerciale et littéraire de l'Italie au xixe siècle, et contient des morceaux de P. Villari, G. Dupré, R. Fucini, P. Mantegazza, E. De Amicis, E. Panzacchi, A. D'Ancona, A. Manzoni, P. Giordani, G. Giusti, N. Tommaseo, G. Mazzini, M. D'Azeglio, G. Carducci, F. Martini, R. Bonghi, G. Leopardi, etc.

Hauff. — *Märchen*.

Gœthe. — *Der neue Paris* (W. u. D. livre II), *das Puppenspiel* (W. Meister I, 2-7), *die gefährliche Wette* (Wanderjahre, III, 8).

Rosegger. — *Waldjugend, Als ich noch der Waldbauernbub war*.

Stifter. — *Granit, der Waldsteig*.

Storm. — *Pole Poppenspäler, Geschichten aus der Tonne*.

M. von Ebner-Eschenbach. — *Krambambuli, Schloß-und Dorfgeschichten*.

Wildenbruch. — *Neid, Kindertränen*.

G. Keller. — *Kleider machen Leute*.

Langue anglaise.

Hawthorne. — *Tanglewood Tales, The Wonder Book*.
Kingsley. — *The Heroes, Water Babies*.
Halliwell. — *Popular Rhymes and Nursery Tales*.
Swift. — *Gulliver's Travels*.
R. Kipling. — *The First Jungle Book* (Extracts).
Lady Barker. — *Station Life in New Zealand*.
Miss Montgomery. — *Misunderstood*.
Goldsmith. — *Vicar of Wakefield*.
Johnson. — *Rasselas*.
Sir John Lubbock. — *Pleasures of life*.

Langue espagnole.

Extraits de *Don Quijote*.
Fables choisies (*Samaniego, Iriarte, Jérica, Hartzenbusch, etc.*)
Fernán Caballero. — *Cuentos, oraciones, adivinas y refranes populares é infantiles*.
A. de Trueba. — *Cuentos populares, Cuentos campesinos, El libro de los Cantares, Narraciones populares*
Frontaura. — *Las tiendas*.

Langue italienne.

Silvio Pellico. — *Le mie Prigioni*.

Giovanni Dupré. — *Pensieri sull' arte e ricordi autobiografici.*

Emilio De Marchi. — *L'Età preziosa.*

Giovanni Verga. — *Storia di una capinera.*

Edmondo De Amicis. — *Cuore ; Alle porte d'Italia ; La Vita militare.*

Antonio Fogazzaro. — *Daniele Cortis.*

Ida Baccini. — *La storia di Firenze narrata a scuola.*

Langue russe.

Léon Tolstoï. — Les quatre livres de lecture russe.

Lermontov. — *Bella* (épisode du roman : Un héros de notre temps).

Gogol. — Le Reviseur.

Pouchkine. — Boris Godounov.

Tourguenev. — Extraits des *Mémoires d'un chasseur.*

Un journal à l'usage des classes peut prendre la place d'un des livres de lecture énumérés ci-dessus, mais il est nécessaire, dans ce cas, que tous les élèves de la classe y soient abonnés.

TROISIÈME PÉRIODE
(CLASSES DE SECONDE ET DE PREMIÈRE (1)).

1. Lectures se rapportant à la géographie, à l'histoire, aux sciences, aux arts et à l'industrie.

2. Lectures choisies dans les principaux chefs-d'œuvre de la littérature ou l'un des ouvrages suivants :

CLASSE DE SECONDE.

Pour l'allemand :

Choix de poésies lyriques : Ballades et Lieder de Bürger,

---

(1) Pour les classes de Seconde et de Première B et D, en ce qui concerne la seconde langue, on prendra l'un des ouvrages indiqués pour la période précédente.

Gœthe, Schiller, Tieck, A. W. et F. Schlegel, Chamisso, Uhland, A. Grün, Lenau, Rückert, Platen, H. Heine, etc.

Extraits des œuvres en prose de Gœthe : *Werther, Wilhelm Meister, Briefe aus der Schweiz, Italienische Reise*.

Pour l'anglais :

Sheridan. — *The School for Scandal*.
Goldsmith. — *She Stoops to Conquer*.
W. Irving. — *Rip Van Winkle*; *Spectre Bridegroom, Legend of Sleepy Hollow*.
Stevenson. — *Treasure Island*.
Longfellow. — *Tales of a Wayside Inn* (extraits).
W. Morris. — *The Earthly Paradise* (extraits).
Macaulay. — *Essays* (extraits).
Dickens. — *Christmas Carol*.

Pour l'espagnol :

Choix de poésies lyriques classiques.
Extraits du *Romancero*.
Anthologie des poètes modernes et contemporains.
Nouvelles courtes de Pedro de Alarcón, Valera, Trueba, Pardo Bazán, etc.
Scènes choisies des *Saynetes* contemporains (Javier de Burgos, Vital Aza, Ramos Carrión, Ricardo de la Vega, etc.).
Cervantès. — *Don Quijote*.
Moratin. — *El si de las Niñas*.
Quintana. — *Biographies des Espagnols célèbres*.
Mesonero Romanos. — *Scènes madrilènes*.

Pour l'italien :

Arioste. — Morceaux choisis.
Métastase. — Drames et poésies choisies.
G. Gozzi. — *L'Osservatore*.
Goldoni. — Choix de comédies (*La Locandiera, Il Burbero Benefico, La Bottega del Caffè*, etc.).
Alfieri. — *Vita*, texte de l'édition classique Linaker (Florence, Barbèra).
Monti. — Choix de poésies.
Manzoni. — *I promessi sposi*.

CLASSE DE PREMIÈRE.

Pour l'allemand :

La poésie dramatique.

Schiller : *Wilhelm Tell, Maria Stuart, Jungfrau von Orleans, Wallenstein.*

Gœthe : *Iphigenie, Torquato Tasso, Egmont, Faust (Ier Teil), Götz von Berlichingen.*

Kleist : *Prinz von Homburg.*

Grillparzer : *Drames historiques.*

Extraits des œuvres en prose de Wieland, Gœthe (*Mémoires, Campagne de France, Sur la littérature française*), Schiller, Novalis, Immermann, Auerbach, Freytag, Scheffel, G. Keller, K. F. Meyer, P. Heyse, etc.

Pour l'anglais :

Shakespeare. — *Julius Cæsar, Macbeth.*

Extraits de Milton, Addison, Goldsmith (prose et vers), Wordsworth.

Byron. — *Prisoner of Chillon.*

Coleridge. — *The Ancient Mariner.*

Dickens. — *David Copperfield* (édition abrégée).

Macaulay. — Extraits de l'*Histoire d'Angleterre.*

G. Eliot. — *Scenes of Clerical Life, Silas Marner.*

Tennyson. — *Enoch Arden, The Brook,* Poèmes antiques (*Ulysses, The Lotos Eaters*).

Thackeray. — *The English Humorists.*

Pour l'espagnol :

Cervantès. — *Don Quijote.* Choix dans les *Novelas ejemplares.*

Extraits des historiens. — Mendoza, Mariana, Solis, Melo, Quintana, Toreno, etc.

Choix dans le Théâtre classique et le Théâtre moderne. — (P. ex. : Castro, *Mocedades del Cid* ; Alarcón, *Verdad sospechosa* ; Calderón, *La vida es sueño* ; Moreto, *El desdén con el desdén* ; Moratin, *El café* ; Scènes choisies de Bretón de los Herreros, Rubi, Eguilaz, Tamayo, Ayala, Echegaray, etc.)

Larra. — *Artículos de costumbres.*

Pour l'italien :

Boccace. — Morceaux choisis.
Pétrarque. — Poésies choisies.
B. Castiglione. — *Il cortigiano*.
B. Cellini. — *Vita*, texte de l'édition classique Bacci (Florence, Sansoni).
Vasari. — Morceaux choisis.
Tasso. — Morceaux choisis : *La Gerusalemme liberata*.
Parini. — *Il Giorno ; Le Odi*.
Alfieri. — Choix de tragédies.
Extraits des romanciers contemporains (en particulier de A. Fogazzaro, Renato Fucini, L. Capuana, G. Verga, M. Serao).

CLASSES DE PHILOSOPHIE ET DE MATHÉMATIQUES.

1. Extraits des principaux historiens, critiques et philosophes.

2. Lectures choisies dans la littérature du xixᵉ siècle.

Pour l'allemand :

Extraits des critiques, historiens et philosophes : Lessing, Herder, Winckelmann, Humboldt, W. et F. Schlegel, L. Börne, W. Scherer. — Niebuhr, L. von Ranke, Fr. von Raumer, Droysen, Mommsen, H. von Sybel ; Gregorovius, Janssen, Treitschke. — Kant, Schelling, Fichte, Hegel, Schleiermacher, D.-F. Strauss, Schopenhauer, Nietzsche, etc.

Œuvres choisies dans la poésie contemporaine : Anzengruber, K. Busse, Geibel, Gilm, Greif, Hamerling, Henckell, Hebbel, G. Hauptmann, P. Heyse, Liliencron, H. Lingg, K.-F. Meyer, Th. Storm, Wildenbruch, etc.

Pour l'anglais :

Emerson. — *English Traits*.
H. Spencer. — Choix d'essais.
Stuart-Mill. — *Autobiography*.
Mathew Arnold. — *Culture and Anarchy*.
Ruskin. — *Stones of Venice*, tome II, le chapitre intitulé

On the Nature of Gothic, publié avec introduction de W. Morris.

Carlyle. — *Essay on Gœthe, on Burns*.
Seeley. — *The Expansion of England*.
Keats. — Extraits.
Byron — *Childe Harold*, Ch. III.
Tennyson. — Extraits.
Mrs. Browning. — Extraits.
Robert Browning. — Extraits.
Rudyard Kipling. — Poèmes (extraits).

Pour l'espagnol :

Extraits des moralistes (Guevara, Quevedo, Gracián, Granada, León) et des critiques (Quintana, Martínez de la Rosa, Lista, Valera, Menéndez Pelayo, etc.).
Poésie lyrique contemporaine (Espronceda, Zorilla, Bécquer, Campoamor, Núñez de Arce, etc.).
Pages choisies des Picaresques et des romanciers contemporains.

Pour l'italien :

Dante. — Morceaux choisis.
Machiavelli. — Un recueil du genre de *Crestomazia machiavellica* de Finzi (Turin, Clausen).
Galilée. — *Prose scelte*. — Foscolo : morceaux choisis.
Giusti. — Lettres et poésies choisies.
Leopardi. — Extraits des *Operette morali*; poésies choisies.
A. Fogazzaro. — Opuscules critiques, philosophiques (*L'Origine dell'Uomo ; Per la Bellezza d'un'idea ; Il dolore nell' arte.* etc.).

INSTRUCTIONS

relatives à l'enseignement des mathématiques(1)

(Arrêté du 27 juillet 1905.)

————

Les programmes de mathématiques doivent être considérés comme des tables des matières à enseigner dans les différentes classes ; toute latitude est laissée au professeur pour adopter tel ordre qui lui conviendra, pour employer les méthodes qui lui paraîtront les plus profitables aux élèves qu'il dirige.

Dans le second cycle, les études ayant pour sanction l'examen du baccalauréat, le professeur doit naturellement exposer tout ce qui figure au programme ; dans le premier cycle, il est dégagé de toute préoccupation d'examen et n'a pour guide que le développement de ses élèves ; il peut donc, s'il le juge utile, négliger certains points et insister plus longuement sur les parties plus accessibles ou plus nécessaires aux élèves particuliers qui lui sont confiés ; le programme sera considéré comme un programme maximum : mieux vaut que les enfants acquièrent des connaissances précises de peu d'étendue plutôt que d'avoir des idées vagues sur des sujets très variés.

S'il est indispensable de laisser au maître une grande liberté dans le choix des méthodes pour que son enseignement ait quelque portée, il convient néanmoins de bien préciser l'esprit dans lequel doit être donné cet enseignement, afin de lui conserver, dans son ensemble, une direction unique et d'éviter que le passage d'une classe à une autre ne soit pour l'enfant une cause de trouble dans ses études. On demande donc aux professeurs de s'inspirer des indications qui suivent relativement aux programmes des différents cycles.

———

(1) «...... Les instructions que je joins aux programmes montreront l'esprit dans lequel doit être donné l'enseignement des mathématiques, et plus particulièrement celui de la géométrie, aux élèves des classes élémentaires. On devra s'attacher à le simplifier, à le rendre plus instructif et plus expérimental en l'appuyant constamment sur le dessin graphique. (*Circulaire ministérielle du 27 juillet 1905.*)

1er Cycle B.

On ne devra pas perdre de vue que les élèves sont de jeunes enfants dont quelques uns quitteront le lycée après la Troisième; aussi les exercices pratiques devront-ils être multipliés et porter sur des données réelles et non factices; la théorie sera réduite à des explications faites sur des exemples concrets, tout au moins au début; ce n'est que peu à peu que l'on pourra, avec de grandes précautions, habituer les élèves aux notions abstraites les plus simples, en montrant sur de nombreux exemples la nécessité d'un définition précise, d'un raisonnement purement logique, en insistant à l'occasion sur les erreurs que l'on peut commettre si l'on raisonne sur des objets mal définis, sur des figures dont on n'a pas déterminé exactement les éléments et leur disposition. Les recueils de problèmes amusants fourniront de nombreux exemples qui frapperont l'esprit des élèves ; citons, au hasard, la démonstration de l'égalité de 64 et 65, d'un angle droit et d'un angle obtus, etc.

Arithmétique. — Les élèves devront être exercés au calcul numérique et à la résolution de problèmes dont la solution n'exige aucun artifice ; il n'y a nul intérêt, en particulier, à demander aux enfants de s'astreindre à n'employer que des procédés purement arithmétiques, si l'algèbre fournit une solution simple et immédiate d'une question. On insistera sur l'ordre de grandeur des résultats, en attirant l'attention sur les erreurs que le bon sens permet d'éviter ; en faisant varier les données d'un problème, en remplaçant, par exemple, des mètres par des centimètres, on demandera de prévoir quel sera l'ordre de grandeur du nouveau résultat, comparé à l'ancien ; ce qu'il faut éviter, c'est que l'élève effectue machinalement des calculs, sans se rendre compte, à chaque instant, de leur correspondance avec la réalité.

Le programme de comptabilité a été abrégé et remplacé par l'indication de notions sur les calculs pratiques utilisés dans la banque et le commerce ; on y exercera les élèves en ayant soin de n'opérer que sur des données précises empruntées aux opérations réelles.

Le professeur est invité à traiter cette partie du programme avec d'autant plus de soin qu'elle a été considérablement simplifiée et que ces notions peuvent être indispensables aux élèves qui quittent le lycée ou . le collège après le 1ᵉʳ cycle.

La partie théorique est réduite à l'étude de l'addition, de la soustraction, de la multiplication des nombres entiers, de la recherche des caractères de divisibilité, des fractions, cette étude étant faite sur des exemples concrets. Toutefois, il n'y a là rien d'absolu : si un élève a la curiosité de se rendre compte du mécanisme d'une opération, de la raison d'être d'une règle donnée, il y aura avantage à satisfaire cette curiosité et il serait dangereux d'y répondre par une fin de non-recevoir.

Algèbre. — Les faits les plus importants de l'algèbre ayant été rencontrés dans les exercices des classes de Cinquième et de Quatrième(¹), on pourra, en Troisième, les préciser et en donner une théorie élémentaire. Les énoncés des théorèmes doivent être précis, mais il est inutile d'insister trop longuement sur les exceptions qui peuvent se présenter : que l'élève sache que la proposition qu'il applique n'est vraie que sous certaines conditions, cela suffit ; si, dans un cas particulier, ces conditions ne sont pas remplies, il saura qu'il doit traiter le problème en lui-même et ce sera un meilleur exercice que celui qui consisterait à rechercher, par un effort de mémoire, à quelles modifications du théorème correspond ce cas particulier.

L'étude des variations d'une fonction sera accompagnée d'une représentation graphique aussi exacte que possible. La courbe une fois tracée, servira à déterminer une coordonnée en fonction de l'autre ; la comparaison des résultats graphiques aux nombres calculés directement permettra de faire apprécier l'importance de la précision dans le dessin et on habituera ainsi l'élève à se rendre compte de la grandeur de l'approximation que peut donner le procédé graphique.

---

(1) Bien qu'il n'y ait pas de programme spécial d'algèbre en Cinquième et en Quatrième, les élèves sont exercés, même dès la Sixième (V. p. 72), « à l'emploi des lettres et à l'usage des formules simples ». (*Note de l'Éditeur.*)

Géométrie. — L'enseignement de la géométrie doit être essentiellement concret : il a pour but de classer et de préciser les notions acquises par l'expérience journalière, d'en déduire d'autres plus cachées et de montrer leurs applications aux problèmes qui se posent dans la pratique.

Toute définition purement verbale étant exclue, on ne devra parler d'un élément nouveau qu'en donnant sa représentation concrète et en indiquant sa construction ; ceci exige que l'ordre généralement adopté soit modifié : en particulier, que la définition du cercle soit introduite dès le début et que l'usage des instruments de dessin soit indiqué au fur et à mesure des besoins. Si le programme est rédigé dans l'ordre habituel, c'est afin de n'imposer aucun ordre particulier ; il est entendu que celui qui est indiqué n'est pas celui que l'on suivra dans l'enseignement.

Au point de vue de l'explication des faits, le professeur devra faire appel à l'expérience et admettre résolument comme vérité expérimentale tout ce qui semble évident aux enfants : il n'y a nulle utilité à démontrer l'égalité des angles droits, des angles correspondants, l'existence de l'intersection d'un cercle et d'une droite dont un point est intérieur au cercle, etc. L'élève ne comprend pas qu'il y ait lieu à démonstration et ne retient que des mots vides de sens ; on peut, et cela est désirable, faire sentir dans certains cas la nécessité d'une démonstration ; mais il ne faut donner cette dernière que si l'élève est convaincu qu'elle est indispensable.

On aura ainsi l'occasion de montrer qu'il y a deux certitudes d'ordres différents : l'une, expérimentale, qui appartient aux sciences physiques ; l'autre, logique, qui est celle des vérités mathématiques ; mais il y aurait un grave inconvénient à donner à cette dernière une importance qu'elle n'a pas dans la réalité et à jeter le discrédit sur la première qui, il faut bien l'avouer, est la seule que nous possédions, puisque les principes mathématiques n'ont pas d'autres fondements, tout au moins pour les élèves. Ce qu'il importera de faire ressortir, c'est l'importance du raisonnement logique pour réduire au minimum les faits expérimentaux ; il serait aisé de multiplier les exemples : si l'on construit un décagone régulier inscrit, on constate expérimentalement qu'il est à peu près impossible de le former ; au contraire, en prenant pour côté d'un polygone régulier la moitié du côté du triangle équilatéral, on obtient sensiblement un heptagone régulier ; si l'on mesure la somme des angles d'un triangle, on trouve des nombres voisins de 180°, etc. Ces exemples montrent que l'expérience fait pressentir une vérité, mais est insuffisante pour la faire connaître d'une façon précise ; si donc il est possible, à l'aide d'un raisonnement logique, de mettre cette vérité en évidence, ou d'infirmer ce que semblait donner l'expérience, il y a tout avantage à le faire ; il est aisé également de faire ressortir l'intérêt pratique que présente la méthode purement logique en insistant sur ce qu'elle fait disparaître toute incertitude dans les résultats. On aura ainsi préparé l'étude de la géométrie, qui sera faite dans le second cycle, où les élèves avertis ne s'étonneront pas du soin minutieux avec lequel les moindres théorèmes sont démontrés.

Un appel constant à la notion de mouvement semble devoir faciliter l'enseignement de la géométrie ; c'est ainsi que le parallélisme sera lié à la notion expérimentale de translation, que l'étude des droites et plans perpendiculaires résultera de la rotation ; l'idée d'égalité sera liée à celle du transport des figures, que l'on précisera en introduisant la notion si simple d'orientation.

Le dessin est appelé à jouer un rôle important dans l'enseignement de la géométrie ainsi conçu ; il faudra faire exécuter très exactement les constructions indiquées dans le cours et mêler intimement le calcul aux mesures effectuées directement. C'est surtout en Troisième que l'on pourra intéresser les élèves en leur faisant exécuter des épures très simples relatives aux ombres et aux sections planes ; il ne saurait être question d'indiquer les méthodes générales de la géométrie descriptive ou de la géométrie cotée ; chaque question devra être étudiée en elle-même et l'ingéniosité de l'élève pourra être exercée par la recherche des moyens les plus propres à donner la solution du problème ; il aura à se servir des théorèmes les plus importants du cours et jugera ainsi de leur utilité. Rien n'empêchera de faire construire le corps représenté par l'épure, d'en calculer les éléments, puis de les mesurer à l'aide de l'épure ou sur le corps lui-même : la comparaison des différents résultats permettra d'apprécier la valeur de chaque procédé.

Le dessin n'est pas d'ailleurs le seul auxiliaire de cet enseignement ; il en est d'autres qui ont même une importance plus grande en ce sens qu'ils font mieux ressortir la liaison de la théorie et des applications. En particulier, il serait intéressant de mettre un objet de forme simple entre les mains de l'élève, de lui demander d'effectuer sur cet objet toutes les mesures qu'il jugerait nécessaires pour pouvoir ensuite le reproduire au moyen d'une épure, en évaluer la surface, le volume, etc. —, les résultats obtenus comportant des vérifications expérimentales.

Dans le même ordre d'idées, il est recommandé d'exercer les élèves à l'exécution de levés de plans, ce que l'on pourra faire sans sortir de l'établissement. Il est facile de tracer une droite joignant deux points situés dans des salles différentes, de mesurer la distance de ces points, etc. ; on insistera d'ailleurs sur l'intervention, dans ces applications, des théorèmes qui ont pu sembler être d'ordre purement spéculatif.

A côté de ces exercices pratiques, qu'une collection de modèles et d'appareils simples faciliterait beaucoup, il y aura lieu d'habituer les élèves à la résolution de problèmes très simples, en essayant de leur faire deviner la solution et en développant ainsi leur intuition, puis en exigeant une démonstration rigoureuse, en insistant sur l'importance de chaque phrase, en montrant au besoin comment un mot mal choisi ou mal défini peut, suivant l'interprétation qu'on lui donne, conduire à des conclusions très différentes.

1er Cycle A et 2es Cycles A et B.

L'enseignement des mathématiques dans ces cycles devra être donné au même point de vue que dans le 1er cycle B. Le peu de temps dont dispose le professeur ne lui permettant pas de développer longuement son cours, il devra surtout s'attacher à donner en géométrie une idée de la forme des corps et pourra laisser de côté, s'il le juge à propos, toute théorie un peu abstraite. Les exercices devront surtout consister en problèmes sur les aires et les volumes, en insistant sur le choix des unités et en faisant revoir sans cesse le système métrique ; des constructions très simples, mais exécutées avec soin, pourront constituer d'excellents devoirs ; ce ne pourra être que dans les classes ayant des élèves désireux de faire plus tard des sciences que l'on donnera à résoudre de véritables problèmes de géométrie, théorèmes à démontrer, lieux géométriques.

Les démonstrations ne seront données qu'autant qu'un nombre suffisant d'élèves seront en état de les comprendre ; pour les volumes, on se bornera au besoin aux énoncés des règles pratiques, ou, dans des cas simples, on justifiera ces règles en employant la méthode infinitésimale, sans, bien entendu, soulever à cet égard aucune difficulté.

Conférences facultatives. — Dans les conférences destinées aux élèves qui désirent faire des études scientifiques après avoir suivi les cours des 2es cycles A et B, la plus grande liberté est laissée au professeur ; ayant devant lui des élèves intelligents et travailleurs, il sera seul juge du développement qu'il peut donner à son cours ; l'important est qu'il forme des élèves pouvant comprendre les mathématiques ; qu'ils en sachent beaucoup n'est pas nécessaire ce qui est indispensable, c'est qu'ils aient compris les principes et soient habitués au raisonnement logique.

2es Cycles C et D.

Les programmes du second cycle scientifique ont été conçus de façon à permettre aux élèves entrant en Mathématiques A ou B de posséder à fond les éléments de géométrie, d'algèbre et de trigonométrie.

La forme à donner à l'enseignement est celle qui est adoptée actuellement, les études faites dans le premier cycle ayant préparé les élèves à recevoir un enseignement logique ; on ne perdra pas de vue que ce n'est qu'en faisant de nombreux exercices que l'on habitue les élèves à manier avec sûreté les éléments dont ils disposent.

Il sera bon de faire ressortir les liens intimes entre les différentes parties du cours, en menant de front la partie algébrique et la partie géométrique ; il n'y a nul inconvénient à introduire les relations trigonométriques dans les démonstrations géométriques, à utiliser pour la détermination des volumes la méthode infinitésimale, que l'on peut présenter en toute rigueur dans les cas simples.

Mathématiques A et B.

En Mathématiques A et B, le professeur n'aura pas à faire de cours sur les matières déjà vues dans les classes de Seconde et Première, en algèbre, trigonométrie, géométrie et géométrie descriptive ; mais il devra s'assurer, par des interrogations méthodiques et des exercices, que tous les élèves les étudient et les possèdent.

En particulier, il serait intéressant de réunir en géométrie tout ce qui est descriptif, puis tout ce qui est métrique, en rapprochant l'étude de l'espace de celle du plan ; cela ne présenterait aucune difficulté pour des élèves qui ont déjà fait une première étude de la géométrie et aurait l'avantage de grouper les faits semblables, donnant ainsi une vue d'ensemble sans laquelle il est bien difficile de coordonner les idées.

Il est à peine besoin d'insister sur l'importance que l'on doit attacher aux exercices pratiques, tels que levés de plans, exécution d'épures ; ce n'est qu'à la condition d'en faire un grand nombre que l'élève retiendra la géométrie descriptive et y prendra goût.

En mécanique, il ne sera soulevé aucune difficulté sur les principes : le principe de l'indépendance des effets des forces pourra être réduit à ce fait que, si plusieurs forces agissent à un instant t sur un point matériel, l'accélération qu'il possède à cet instant est la somme géométrique des accélérations qu'il posséderait si chacune des forces agissait seule. Le professeur devra éviter tous les développements et les exercices présentant uniquement un intérêt géométrique ; c'est pour supprimer toute occasion de développements de ce genre que les théorèmes se rapportant aux vecteurs ont été réduits au minimum indispensable et transportés dans le programme de géométrie, où ils se présentent sous leur véritable jour. Le professeur devra choisir des exercices de mécanique d'un caractère pratique, se rapportant à des mécanismes, à des mouvements, à des équilibres familiers aux élèves ; il devra poser des problèmes précis, avec des données numériques, de façon à habituer les débutants aux divers systèmes d'unités et à l'emploi du système métrique ; il évitera les généralités et l'abus du calcul, en exerçant les élèves à raisonner directement sur chaque question.

Dans l'explication de la réalisation pratique des mouvements de translation, de rotation, du mouvement hélicoïdal et des transformations de mouvements usitées dans les machines, le professeur ne se contentera pas de figures, ni même de modèles ; il devra montrer aux élèves des machines usuelles, les analyser avec eux, leur montrer les liaisons mutuelles des pièces et les transformations de mouvement qui en résultent.

De même en statique et dynamique, il sera utile de choisir des exercices présentant un caractère pratique, et d'en effectuer les réalisations expérimentales. En corrigeant les travaux écrits comportant les calculs numériques, le professeur devra saisir toutes les occasions pour expliquer aux élèves les méthodes d'approximation.

En cosmographie, il conviendra de ne pas développer les méthodes de mesure et d'observation qui intéressent l'astronome de profession, mais de donner surtout des notions d'astronomie physique.

Une heure au moins par semaine doit être consacrée *exclusivement* aux problèmes, aux épreuves pratiques de calcul, de géométrie descriptive, de mécanique et aux exercices sur le cours. Tous les exercices devront se rapporter rigoureusement au programme ; aucun développement théorique nouveau ne devra être donné à propos d'un exercice.

CIRCULAIRE DU 23 MARS 1906

relative aux enseignements de mathématiques et de physique dans la classe de Mathématiques.

Les modifications apportées par l'arrêté du 27 juillet 1905 dans les programmes de mathématiques auront nécessairement une répercussion sur l'enseignement de la physique, en particulier dans la classe de Mathématiques.

Le programme de cette classe avait été établi sous la condition que les élèves y entrâient ayant vu la cinématique, la cosmographie et les courbes usuelles, toutes matières qui faisaient en effet partie du programme de Première C et D. Or, ces matières ont été transportées dans la classe de Mathématiques, de telle sorte que les élèves y arriveront désormais sans avoir acquis les notions indispensables au cours de physique.

Je me suis préoccupé de cette situation et des moyens d'y remédier.

Sans recourir à aucune mesure susceptible de déranger le plan qui a présidé à la distribution des matières d'enseignement, j'ai décidé d'adopter les deux solutions suivantes.

Dans la classe de Mathématiques :

1° Les professeurs de mathématiques devront être invités à commencer leurs cours par la cinématique, qui leur demandera tout au plus une dizaine de leçons ;

2° Les professeurs de physique devront être invités à ne commencer la physique qu'une fois la cinématique terminée. En attendant, ils feront uniquement de la chimie.

D'autre part, ils introduiront dans leurs cours les quelques notions relatives à la cosmographie et aux courbes usuelles dont ils auront besoin.

INSTRUCTIONS
relatives aux modèles de dessin géométrique[1].

Généralités.

Le *Dessin géométrique* a pour objet l'étude et la représentation graphique de la *figure* des corps ou des choses, c'est-à-dire de ce qui résulte des *mesures* que l'on peut prendre sur eux, et les fait connaître dans leur *réalité*.

Le dessin géométrique doit donc permettre de retrouver,

---

[1] Ces Instructions ont été rédigées par M. PILLET, inspecteur honoraire de l'enseignement du dessin, professeur à l'École des Beaux-Arts et à l'École polytechnique.

avec le plus de facilité et d'exactitude possible, les dimensions des objets représentés.

Programme général. — Pris dans son ensemble, le programme universitaire de l'enseignement du dessin géométrique considère deux genres d'études :

L'étude des figures à *deux dimensions,*
L'étude des figures à *trois dimensions.*

Pour chacune d'elles il prévoit des leçons dites : de *théorie*
et d'autres dites : *d'application.*

La théorie doit être réduite au strict nécessaire et les
applications doivent être abordées aussitôt que possible.
Ces dernières doivent le plus souvent affecter le caractère
technologique et être empruntées à la construction des
édifices, à l'architecture et à la mécanique.

Pédagogie générale. — L'enseignement doit être collectif,
ce qui veut dire que tous les élèves d'une même classe
doivent recevoir du professeur la même leçon orale et doivent exécuter le même dessin (croquis, ou mise au net),
dans le même temps.

La leçon orale du professeur est appuyée sur un grand
dessin dit « *Dessin de démonstration* ». Ce dessin doit être
reproduit par les élèves sur un carnet de croquis, et, dans
la plupart des cas, doit faire, ensuite, l'objet d'une mise au
net.

Les grands dessins de démonstrations sont généralement
exécutés au tableau noir, par le professeur, devant les
élèves ; mais, s'il s'agit d'applications un peu compliquées,
ils peuvent être dessinés par lui, à l'avance, sur de grandes
feuilles de papier ; ce sont alors des *modèles muraux.*

L'emploi de modèles individuels ou de livres les renfermant et les expliquant, est prohibé, si cet emploi est exclusif. En aucun cas, il ne doit dispenser le professeur de la
leçon collective avec grand dessin de démonstration. (Dessin
au tableau ou modèle mural.)

Livres et modèles.

A. LIVRES ET OUVRAGES DE LIBRAIRIE.

Il a été publié de nombreux et bons ouvrages sur le
dessin géométrique et sur ses applications.

Dans presque tous, les professeurs rencontreront d'excellents documents pour composer des leçons auxquelles on leur saura gré de donner un caractère personnel ; ils trouveront dans les catalogues de librairie le titre et, presque toujours, le sommaire de ces livres et ouvrages.

B. MODÈLES POUR L'ÉTUDE DES FIGURES A DEUX DIMENSIONS :

1° *Leçons de théorie* : Elles sont à composer entièrement par le professeur : elles ne comportent donc pas de modèles spéciaux.

2° *Leçons d'application* : Les applications peuvent porter sur les objets suivants :

Parquetages, carrelages, marqueteries, bois et métaux découpés, vitraux, reliures, papiers peints, tissus, tapis, dentelles, etc.

Les catalogues industriels, qu'il suffit, pour les recevoir, de demander aux maisons qui les publient, fourniront d'excellents motifs de leçons aux professeurs doués d'initiative. Ils pourront se procurer dans les magasins de la ville où ils résident des spécimens, *en nature*, de presque tous les objets indiqués ci-dessus.

C. MODÈLES POUR L'ÉTUDE DE FIGURES A TROIS DIMENSIONS :

1° *Théorie.* La collection des modèles de dessin plastique comprend les principaux solides géométriques, en fil de fer, en zinc, en plâtre ou en bois. Les polyèdres en fil de fer sont souvent à charnières, pour en permettre le développement.

Les professeurs construiront eux-mêmes, en papier ou en toile, les *manteaux*, nus ou recouverts de figures ornementales, que l'on recommande d'employer en les appliquant sur ceux de ces solides dont les surfaces sont développables.

2° *Applications.*

a) **Objets usuels** : On peut se procurer les objets usuels, sur place, à prix très modérés. Il suffit d'en donner ici une nomenclature que le professeur complétera suivant les ressources de la localité. Il trouvera d'ailleurs la désignation, le dessin et le prix de presque tous ces objets dans les catalogues répandus à profusion par les grands magasins :

1° *Mobilier.* — Chaises, tabourets, tables, guéridons, etc. ;

2° *Articles de ménage.* — Seau, baquet, boîte à épices, boîte à outils, porte-selle, etc. ;

3° *Outils de menuisier et de serrurier.* — Trusquin, rabot, vis en bois d'établi, serre joint, meule à main, vis en fer, étau à main, pied-à-coulisse, clés de serrage, etc. ;

4° *Objets de quincaillerie.* — Poulies à crochets, targettes, verrous, gonds, paumelles, charnières, roulettes, loquets, cadenas, serrures, becs-de-cane, espagnolettes, crémones, poignées de porte, etc., sonneries électriques, etc. ;

5° *Pièces détachées d'édifices.* — Tuiles, crêtes, épis, fragments de chêneaux, faîtages...., (ces pièces sont en terre cuite), moulures et assemblages de menuiserie (bois), fragments de grilles et de balustrades (en fonte)...., quincaillerie (voir ci-dessus).

Nota. — Presque tous ces objets sont de petite dimension, légers, maniables, peu fragiles et peu coûteux. Ils se prêtent facilement à des relevés géométraux, cotés, faits par les élèves eux-mêmes et on peut très bien mettre quatre élèves sur un même objet.

Lorsque le professeur a fait au tableau, d'après des objets bien choisis, deux ou trois leçons sur la pratique du relevé géométral, il peut ensuite diviser ses élèves par groupes de quatre, donner à chaque groupe des modèles différents, quoique de difficultés comparables, et faire ensuite un roulement des modèles entre les groupes.

Les professeurs n'auraient donc aucune raison valable à invoquer pour se refuser à faire faire des relevés géométraux d'après les objets eux-mêmes.

b) **Modèles artistiques et fragments d'architecture.** — Ces modèles, en plâtre, font partie de la collection de dessin plastique. Ceux qui doivent servir en dessin géométrique soit pour les relevés (¹), soit pour des études d'ombres, de lavis, de perspective, sont les suivants : modèles plan sur plan, dits : des arts décoratifs, denticules, oves, rais de cœur, perles et pirouettes, canaux, moulures diverses, chapiteaux, bases et entablements des ordres dorique et ioni-

---

(¹) Ces relevés sont à faire par le professeur, mais pas par les élèves, car les modèles sont trop fragiles.

que (théâtre de Marcellus, Parthénon), vases (hydrie, amphore, cratère.....), etc.

c) **Modèles de mécanique.** — 1° *Petite mécanique usuelle.* — On trouvera, sur place, dans les bonnes maisons de quincaillerie, comme pièces de petite mécanique :

Boulons et écrous, clé anglaise, vérins, crics, moufles, paliers simples, pièces de tour, engrenages, robinets variés, petites pompes, petits treuils, poulies, pièces de bicyclettes ou d'automobiles, etc.

Toutes ces pièces, elles aussi, peuvent et doivent servir à des relevés géométraux.

2° *Mécanique spéciale.* — Pour obtenir des pièces de grande mécanique, il faut s'adresser à des constructeurs spéciaux et, dans ce cas, le prix de ces modèles est toujours assez élevé.

Plusieurs Proviseurs et Principaux de lycées et de collèges ont eu recours soit aux écoles d'arts et métiers, soit à des écoles professionnelles et à des écoles pratiques d'industrie. En traitant avec elles de gré à gré, ils ont obtenu ainsi à des prix très raisonnables des pièces de mécanique de grande actualité et de construction irréprochable.

CIRCULAIRE DU 30 JUILLET 1909
relative aux modèles à employer dans l'enseignement du dessin.

Afin de faciliter l'application, dès la prochaine rentrée des classes, des programmes du 6 janvier 1909, concernant l'enseignement du dessin dans les lycées et collèges de garçons et de jeunes filles, l'Inspection générale de cet enseignement a dressé la liste des modèles ci-jointe, qui permettra de donner aux élèves une idée exacte de la marche générale des évolutions de l'art depuis la plus haute antiquité.

La liste que je vous adresse comprend quinze modèles qui coûtent, au maximum, 200 francs, emballage compris.

Il sera dressé, en 1910 (1) et 1911, un complément à la présente liste, de façon à ce que les lycées et les collèges possèdent en trois ans la collection des modèles que la Commission a jugés nécessaires pour l'éducation artistique des élèves de ces établissements.

Je vous prie d'inviter les chefs d'établissements à prendre les mesures nécessaires en vue de l'acquisition des collections dont il s'agit.

------

(1) Il n'a pas encore (en 1913) été dressé le complément à la liste primitive (*Note de l'Editeur*).

Application des nouveaux programmes de l'enseignement du dessin pour les lycées et collèges.

PREMIÈRE LISTE DES MODÈLES (octobre 1909.)

1. Tête chaldéenne (moulage du Louvre) (¹) 6f.40

ÉGYPTE.

2. Buste de l'époque saïte. N° 7 *ter* (Louvre). 3 20
3. Tête mitrée (Louvre) 9 60

ASSYRIE.

4. Lionne blessée, bas-relief (Mouleur de l'École des Beaux-Arts) 10 00
5. Lion, ronde-bosse (Louvre) 5 00

GRÈCE.

6. Buste d'Oxford, vᵉ siècle (École des Beaux-Arts) . . 18 00
7. Victoire Aptère, bas-relief (Charreyron, mouleur, rue Bonaparte, n° 12). 8 00
8. Buste trouvé à Bénévent (Louvre) 8 00

FRANCE.

XIIIᵉ siècle.

9. Clovis II (Monument de Dagobert, Saint-Denis) [Mouleur du Trocadéro] 12 00

XIVᵉ siècle.

10. Buste de Charles V (Louvre) 15 00

XVᵉ siècle.

11. Pleurant de Dijon (Charreyron) 6 00

XVIᵉ siècle.

12. Henri II, par Germain Pilon (Charreyron). . . . 16 00

XVIIᵉ siècle.

13. Médaillon de Louis XIV, par Puget (Trocadéro) . . 15 00

XVIIIᵉ siècle.

14. Tête de Pajou. Buste de femme (École des Beaux-Arts). 2 50

XIXᵉ siècle.

15. Buste de Gérome, par Carpeaux (Georges Chauvin, mouleur, rue Rosenwald, n° 4, Paris-XVᵉ). . . 15 00
                                                                                              ——————
                                                                                              149f 70
Emballage . . . . environ 60f 00
                                                                                              ——————
                                                                                              209f 70

---

(1) L'indication des fournisseurs se trouve entre parenthèses.

TABLE DES MATIÈRES

PROGRAMMES

CLASSES ENFANTINES

CLASSES PRÉPARATOIRES

Première année (ou Dixième).

Deuxième année (ou Neuvième).

CLASSES ÉLÉMENTAIRES

Classe de Huitième.

Classe de Septième.

PREMIER CYCLE

DIVISION A

Classe de Sixième A.

Classe de Cinquième A.

Classe de Quatrième A.

Classe de Troisième A.

DIVISION B

Classe de Sixième B.

Classe de Cinquième B.

Classe de Quatrième B.

Classe de Troisième B.

SECOND CYCLE

SECTION LATIN-GREC

Classe de Seconde A.

Classe de Première A.

Classe de Philosophie A.

SECTION LATIN-LANGUES VIVANTES

SECTION LATIN-SCIENCES

Classe de Seconde C.

Classe de Première C.

Classe de Mathématiques A.

SECTION SCIENCES-LANGUES VIVANTES

PROGRAMMES

de l'enseignement des langues vivantes

INSTRUCTIONS

SCIENCES PHYSIQUES

Ouvrages de M. P. Massoulier, *professeur au lycée Henri IV.*
(Volumes brochés ou cartonnés toile) :

		Brochés	Cart. toile
Chimie élémentaire (*cl. de 4e B*)		1 fr. 50	1 fr. 90
— — (*cl. de 3e B*)		1 fr. 60	2 fr. »
Chimie (*cl. de 2e C et D*)		2 fr. »	2 fr. 50
— (*cl. de 1re C et D*)		2 fr. 25	2 fr. 75
— (*cl. de Mathématiques*)		2 fr. 50	3 fr. »
Éléments de Chimie (*cl. de Philosophie*) .		2 fr. 50	3 fr. »

La *Chimie élémentaire* est de format 18/12cm ; les autres volumes, de format 20/13cm.

Ouvrages de M. A. TURPAIN, *professeur à l'Université de Poitiers.*
(Volumes 20/13cm, cartonnés toile) :

Notions de Physique (*cl. de 4e et 3e B*) . . . . . . 3 fr. »
Éléments de Physique (*cl. de Philosophie*) . . . . ; 5 fr. »
Physique (*cl. de 2e et 1re C et D et Mathématiques*). . 8 fr. »

Éléments de Chimie (*cl. de Philosophie*), par P. RIVALS, professeur à la Faculté des Sciences de Marseille, et E. DEVAUD, professeur au lycée . . . . 2 fr. 50

Ouvrages de M. J. BASIN, *professeur au lycée de Lille.*
(Volumes 19/13cm, brochés ou cartonnés toile.)

	Brochés	Cart. toile
Physique élémentaire (*classe de 4e B*) . .	1 fr. 50	— »
Chimie élémentaire (*classe de 4e B*). . .	1 fr. 25	»
Physique élémentaire (*classe de 3e B*) . .	1 fr. 50	»
Chimie élémentaire (*classe de 3e B*). . .	1 fr. 25	»
Physique élémentaire (*classes de 4e et 3e B*)	»	3 fr. »
Chimie élémentaire (*classes de 4e et 3e B*)	»	2 fr. 25
Physique (*classes de 2e C et D*)	2 fr. 50	3 fr. »
— (*classes de 1re C et D*)	3 fr. 50	4 fr. »
— (*classes de Mathématiques*) . . .	3 fr. »	3 fr. 50
Chimie (*classes de 2e C et D*)	1 fr. 80	2 fr. 25
— (*classes de 1re C et D*)	1 fr. 90	2 fr. 40
— (*classes de Mathématiques*) . . .	2 fr. 50	3 fr. »
Éléments de Chimie (*classes de Philosophie*)	3 fr. »	3 fr. 50